国外出版产业研究论丛

图书价格管理制度研究

张养志　叶文芳　著

知识产权出版社
全国百佳图书出版单位

内容提要

　　本书以两种不同的价格管理制度的典型代表国家为例，对其价格管理制度的方式以及对图书出版业的影响做深入的剖析，结合我国图书出版业发展的现状及存在的问题，探讨自由价格制度对我国出版业之现实影响，以及固定价格制度对我国出版业的预期影响。

责任编辑： 于晓菲　　　　　　**责任出版：** 刘译文

图书在版编目（CIP）数据

　　图书价格管理制度研究/张养志，叶文芳著.

—北京：知识产权出版社，2013.11

　　ISBN 978-7-5130-2457-0

　　Ⅰ．①图…　Ⅱ．①张…②叶…　Ⅲ．①图书—价格制度—研究—中国

Ⅳ．①G239.2

　　中国版本图书馆 CIP 数据核字（2013）第 280641 号

图书价格管理制度研究

TUSHU JIAGE GUANLI ZHIDU YANJIU

张养志　　叶文芳　著

出版发行：知识产权出版社 有限责任公司			
社　　址：北京市海淀区马甸南村 1 号		邮　　编：100088	
网　　址：http://www.ipph.cn		邮　　箱：rqyuxiaofei@163.com	
发行电话：010-82000860 转 8104/8102		传　　真：010-82005070/82000893	
责编电话：010-82000860 转 8363		责编邮箱：yuxiaofei@cnipr.com	
印　　刷：北京中献拓方科技发展有限公司		经　　销：新华书店及相关销售网点	
开　　本：720mm×960mm　1/16		印　　张：10.5	
版　　次：2014 年 3 月第 1 版		印　　次：2014 年 3 月第 1 次印刷	
字　　数：180 千字		定　　价：42.00 元	

ISBN 978-7-5130-2457-0

序　言

随着社会经济和科学技术水平的发展，出版产业已经成为全球发展最快的产业之一。以图书经营为重点的跨媒介、跨地区经营的大型出版集团在国际市场上市场占有率不断提高，尤其是欧美发达国家，以图书市场总价值计算，美国、德国和日本作为世界前 3 大图书市场占据了世界 50％以上的市场份额，全球最大的 10 个图书市场占据了世界出版发行业 81％的份额。美、英、法、德、日等出版业强国图书出版业的特征和趋势基本一致，但是对图书价格的管理方式却存在着巨大差异，英国、美国采取自由定价制度，而法国、德国、日本却采用固定价格制度，两种制度的差别蕴含着各国对待图书所代表的各国文化的不同认同。

我国图书价格定价制度的演进经历了自我定价时期、印张定价时期、自由定价时期等几个不同的阶段，但是现阶段的自由定价制度使得我国存在图书定价虚高、实体书店快速倒闭、网络零售商的恶性竞争等很多不利于出版业长期稳定发展的因素。面对这些问题，我国的图书定价是否还应遵循自由定价方式？是否可以借鉴法国、德国、日本及韩国的固定定价方式来稳定我国的图书发行市场，保证小众图书得以出版、实现文化多样性呢？带着一系列的问题，我们展开了系列调研，并主持了原新闻出版总署的项目"图书价格制度研究"，本书在项目研究报告的基础上整理而成。

本书以两种不同的价格管理制度的典型代表国家为例，采用对比分析的方法以及不同的定价制度对图书出版业的影响作深入的剖析，并应用实证分析方法系统论述我国图书出版业发展的现状及存在的问题，探讨自由价格制度对我国出版业之现实影响，以及固定价格制度对我国出版业的预期影响。

本书的创新之处在于不仅对传统图书的价格管理制度进行了系统的梳理，还引入了电子书价格管理的探讨，并构建了我国电子书价格管理的模式。另外，在我国图书出版业发展现状研究过程中，创新性开展图书出版与 GDP 的关联性研究并采取实证分析法得出我国所处的人均 GDP 1000～3000 美元的阶段恰好是出版业发展的黄金阶段，我国应抓住机遇，创造良好的国内环境，为出版业的发展保驾护航。

在本书的写作过程中，北京印刷学院新闻传播学研究生郑中翔、李慕、史文慧、付春晓发挥了重要的作用，他们深入出版发行单位调研，提供了一手数据，参与了第三章、第六章的编写。

由于作者水平有限、数据资料有限，研究中还有很多不足，希望读者批评指正。

作者序

2013 年 11 月 19 日

目　次

第一章　绪　论

第一节　研究背景

从世界图书出版业来看，图书定价采取自由价格体系和固定价格体系两种不同的模式。自由价格体系是指图书以自由价格在市场销售的价格制度，出版社通过周密的成本核算后，以一定的折扣批发给中间商，只要能保证正常运营，零售商可以自由定价销售。英国和美国是典型的自由价格体系国家。固定价格体系是指对图书价格实行统一定价的制度，即规定图书价格由出版社定价，并在固定位置明确标示，任何图书销售机构都不得擅自加价或减价销售图书。图书固定价格体系以德国、法国、西班牙为代表。这两种模式都有国家层面和行业层面的理念及规则的支撑。即使在同一定价模式下，由于不同国家的历史、文化和法律制度有所区别，定价模式的应用和认可程度也各有特色，并且在不断地发展和演变。

这两种截然不同的图书价格管理制度各具特色，在图书出版业发展的不同阶段都起到了非常重要的作用，出版业也一直存在着对这两种图书价格管理制度优劣的争论，尤其是自由定价制度的拥护者常常抨击固定价格制度，认为固定价格制度不适应现代市场经济，有悖自由竞争的本质。当然，也有大量固定价格制度的拥护者强调固定价格制度的优点在于保护文化多样性，保护中小型书店。归根到底，争议的焦点在于图书的属性，即图书是否具有不同于一般商品的属性，图书是否要从其他商品中独立出来，只有在这样的前提下，才能赋予图书独特的经济地位。图书的公共属性和图书价格管理制度的采用逐步成为出版业发展过程中的一种攸关国家文化政策与经济发展之思辩。

第二节　研究目的与研究内容

不同图书价格管理制度的适用背后表现出国家对本国文化、经济自由化的辩证态度，尤其是采用固定价格制度的国家都经历过正反面意见的争辩和冲击，因此，探讨自由价格制度和固定价格制度利弊攸关国家文化出版事业的发展与经济思潮辩证议题的延展，能促进图书出版业的价格管理制度共识的达成、决策的形成。在形成共识、决策的过程里，会涉及法规的确立、业界的态度、民众的支持等诸多方面的问题，所以，本书研究过程中需充分了解国外图书价格管理制度的发展过程和变化以及国内图书价格管理制度的现状，探索符合我国国情的图书价格管理制度。本书的研究将有利于出版产业的纵深发展，将为我国创造出良好的文化氛围。

本书以两种不同的价格管理制度的典型代表国家为例，对其价格管理制度的方式以及对图书出版业的影响作深入的剖析，结合我国图书出版业发展的现状及存在的问题，探讨自由价格制度对我国出版业之现实影响以及固定价格制度对我国出版业的预期影响。本书将从以下几个方面展开研究：

（1）图书与图书定价；

（2）国际图书出版业的特征与国际图书价格管理；

（3）出版业发达国家的图书价格管理概况；

（4）出版业发达国家电子书的价格管理；

（6）我国图书价格管理制度的变迁及图书出版业的发展与现状；

（7）我国图书价格管理制度改革分析；

（8）我国图书固定价格制度的构建及其影响。

第三节　研究的创新与不足

　　本书的创新之处在于：在对我国出版业现状进行分析的过程中，应用了经济学原理，全面分析了出版业发达国家的图书价格管理制度，并通过纵向研究英、美、法、德、日、韩等国家的出版业发展的历史和现状，总结出"人均 GDP 在 1000～3000 美元阶段是出版业发展的黄金阶段"的结论。我国正处在出版业发展的黄金阶段，为了减少出版业中存在的问题，政府应出台相应的图书固定价格、税收减免等措施保障出版业的健康发展；通过出版业与 GDP 的相关性研究，提出我国出版业的发展与 GDP 的增速不一致的观点。这一点与出版业发达国家的出版业与 GDP 增长同速的状况形成反差。本书认为我国出版业的发展应抓住转型期价格改革的机遇，采取有效措施提高出版业的竞争力。在构建我国的图书固定价格制度的内容过程中，创新性地引入图书固定价格制度的配套措施，即营业税和增值税的减免。同时，在对传统图书固定价格制度的研究过程中，加入了电子书固定价格制度的可行性探讨，构建我国电子书领域"先低后高"的固定价格制度。

　　但是，在本书的撰写过程中发现我们的研究方法还过于传统、研究路线相对简单、实证分析方法应用不够全面。国内出版业数据资料的搜集以 2010 年、2011 年的较多，缺少 2013 年的一手数据资料，尤其缺少国外出版业发展过程中的图书种类、图书总印数、中小型书店的数量等最新数据资料。在对电子书固定价格制度的探讨中对经济学原理的应用不足。

第二章　图书与图书定价

第一节　图书与图书属性

一、图书的概念与特征

联合国教科文组织对图书的定义是："凡由出版社（商）出版的不包括封面和封底在内 49 页以上的印刷品，具有特定的书名和著者名，编有国际标准书号，有定价并取得版权保护的出版物称为图书。"图书是以传播知识为目的，用文字或其他信息符号记录于一定形式的材料之上的著作物，图书是人类社会实践的产物，是一种特定的不断发展着的知识传播工具。所以，图书是一种区别于普通商品的特殊商品，一方面具有传播知识、丰富人民文化生活的作用，是一种特殊的精神消费品，具有公共产品的特征；另一方面，图书也是一种用于满足购买者欲望和需求的产品，也就是说，图书同时具备公共产品的属性和一般商品的属性，既有一般商品的经济特征，又有公共产品的特性。

二、图书的公共属性分析

（一）图书的精神文明属性

从图书的选题策划、作者写稿，到编辑的加工、校对、定稿都体现了对知识的创作和再现，图书的生产过程不是简单意义上的商品的生产过程，而是知识产品的生产过程，在这一阶段，图书并不具备普通商品的性质，而是一种精神产品。

另外，图书在使用过程中，其使用价值也主要体现在精神领域和意识形态领域，图书对人们的影响不会像普通商品一样立竿见影，它对人们的影响是长期的、潜移默化的、渗透的、多维的影响，是一种超时空的精神世界的影响。

（二）图书的文化性

图书是用文字或其他信息符号传播知识、信息的载体，是人类文化传承最重要的工具，不论是最初的甲骨文，还是现代意义的电子书都是知识、信息的集成，供世代共享。

（三）图书的媒体性

在人类文明发展史上，图书是最早的传媒，是其他媒体之源。只是随着社会的进步，科学技术的发展，信息传递手段的丰富，原来属于图书的功能——信息传播，渐渐被报刊、广播、电视、互联网等媒体所分担，但这并不意味着图书的信息传播功能已经消失。相反，只要我们比较现代社会和前现代社会的图书属性及功能就会发现，图书原有的信息传播功能在今天仍然存在。

图书传播信息的功能是从它产生之初就具有的。那个时候，图书这一最早的信息载体是经由人们以步行、骑马、坐船等途径交流传递的，它是一种极为缓慢的传播过程。直到有了蒸汽机车，有了火车，有了轮船，有了飞机，图书借助先进的交通工具和印刷技术才得以很快地传播。尽管如此，人们还是忽略了在数千年人类文明史中，图书（包括树皮书、羊皮书、竹简等）也曾记录了很多今天在报刊、电视、广播、互联网上常出现的内容，如陨石、地震、水灾以及战争等。

早在夏代，人们就用符号或者文字来记录新闻事件了，记录下来是给后人看的，传播的内容已经包含了新闻因素。殷商时期的王亥被杀事件是古书中提到的最早的新闻事件，记录这个新闻事件的就是《尚书》。《春秋》《左传》《国语》等多是记录口口相传的重大事件。只不过记录这些事件的不是记者，而是史官。现代报刊出现以后，就形式上来说，早期报刊都采用书册式装帧，保留着图书形式的痕迹；就内容来说，近现代中国报刊也主要是用来立言，执行着图书的功能。

就传媒出现的先后顺序来说，首先出现的是图书，其次是报纸和期刊，继而出现的是广播和电视，随后出现的是互联网。当然，就时效性来说，媒体出现得越晚，时效性就越强。新的媒体出现以后，人们忘记了图书作为最早的媒体所承载的媒体功能。事实上，进入信息社会以后，图书作为媒体的一种，继续担负着传递与人们生产、生活相关的方方面面的资讯的功能，并且与其他媒体并肩而行。

三、图书的经济属性分析

(一) 图书的需求弹性

根据宏观经济学的总供给与总需求理论，价格上升必然导致需求量的下降，高价商品不一定能获得高额利润。商品价格的确定必须考虑价格的变动对需求量的影响，也就是需求弹性的影响。对于图书而言，其需求价格弹性和需求收入弹性两个方面表现出图书作为商品的特殊性。

1. 图书的需求价格弹性

需求定理表明，一种物品的价格下降将使其需求量上升。需求价格弹性是衡量一种物品需求量对其价格变动反应程度的指标。或者说，表示在一定时期内当一种商品的价格变化百分之一时所引起的该商品的需求量变化的百分比。计算公式为：

$$需求的价格弹性系数 = -\frac{需求量变动率}{价格变动率}$$

需求的价格弹性可以分为弧弹性和点弹性两种。假定需求函数为 $Q = f(P)$，ΔQ 和 ΔP 分别表示需求量的变动量和价格的变动量，以 ed 表示需求的价格弹性系数。当价格变动量较大时，图书商品的需求曲线上两点之间的弹性可以用弧弹性公式表述：

$$ed = -\frac{\dfrac{\Delta Q}{Q}}{\dfrac{\Delta P}{P}} = -\frac{\Delta Q}{\Delta P} \cdot \frac{P}{Q}$$

假设需求是连续、可导的函数，则用需求的价格点弹性公式表示为：

$$ed = \lim_{\Delta p \to 0} -\frac{\Delta Q}{\Delta P} \cdot \frac{P}{Q} = -\frac{dQ}{dP} \cdot \frac{P}{Q}$$

对一种商品来说，并不一定价格越高，收益就越大，这要看这种商品在这一时期的价格弹性的绝对值是大于1还是小于1。简单地说，如果一种商品的价格弹性的绝对值远大于1，则价格稍有上升，其市场需求量就会有很大下降，那么它的总收益就会下降。图书作为商品，同样也遵循这一市场规律。如果一种物品的需求量对价格变动的反应很大，就说这种物品的需求是富有弹性的。如果一种物品的需求量对价格变动的反应很小，就说这种物品的需求是缺乏弹性的。传统观点认为，读者对图书的需求缺乏弹性。但随着经济社会的发展，图书市场的逐步细分使得需求价格弹性因图书种类和图书价格而有所差异。

例如，我国教育类图书的需求价格弹性小于1，缺乏弹性，且弹性值具有一定的波动性，呈现出递减趋势。究其原因是由我国教育类图书特殊性决定的，包括产品的特殊性、消费者的特殊性以及政府管制的特殊性等；而与职业和行业相关的专业类图书，却有逐渐增加的趋势，需求价格富有弹性，且呈现波动性。这种波动性的出现，与社会上学术思潮或政策的影响，我国人才结构、知识结构的变化密不可分；大众类图书与群众的日常生活联系最为紧密。据统计，近年来大众类图书需求价格弹性保持在0.5～1.1，也就是在缺乏弹性和富有弹性之间变动，相对于教育类图书和专业类图书来讲弹性趋于稳定，且要大于教育类和专业类图书的最小弹性值。即价格的变动容易引起需求量的变化，可以看出，消费者对大众类图书的价格变化比较敏感。这与大众类图书的构成有关。大众类图书的主要作用是休闲阅读和增加读者的文化体验，消费者阅读这类图书主要是为了休闲，因为休闲的方式还有很多，所以大众类图书具有较强的可替代性，需求价格弹性也比其他类图书相对要高。

2. 图书的需求收入弹性

需求收入弹性是衡量一种物品需求量对消费者收入变动反应程度的指标，用需求量变动百分比除以收入变动百分比来计算。即

$$需求收入弹性 = \frac{需求量变动百分比}{收入变动百分比}$$

一般来说，大多数物品属于正常物品：收入提高，需求量增加。由于需求量与收入同方向变动，所以正常物品的收入弹性为正数。国内的研究表明，中国图书市场在近年来的收入弹性为 1.03~1.49。虽然不同类别图书的收入弹性存在差异，但一般而言，可以认为图书需求的收入弹性较高，属于一种需求较弱的必需品。

（二）图书的外部性

微观经济学认为，一个人从事一种影响旁观者福利，而对这种影响既不付报酬也得不到报酬的活动时，就产生了外部性。如果对旁观者的影响是不利的，就称为负外部性；如果影响是有利的，就称为正外部性。也就是说，在存在外部性时，社会对市场结果的关注扩大到参与市场的买者与卖者之外，以包括那些间接受影响的旁观者的福利。由于参与交易的双方在决定其需求量时忽略了其行为的外部效应，在存在外部性时，市场均衡并不是有效的。也就是说，存在着市场失灵的现象，这就需要政府施行针对外部性的公共政策，弥补市场无效率现象。

就图书来说，它是一种同时具有正外部性和负外部性的产品。在相当大的程度上，购买图书的利益是私人的。但是图书同时作为文化和知识载体，主要承担传递和普及知识与信息的功能。因此，它是一种典型的正外部性产品。一本书的价值是其售价所不能体现的。越多的人读书，对于社会而言，产生的整体收益也越大。也就是说，销售一本书的同时，出版社的收益与社会整体收益是不对等的，后者要远高于前者。政府也应该采取措施，使图书的正外部性得到进一步的发挥，促进全社会知识文化的繁荣。另外，图书也

可能具有负外部性。典型的例子就是盗版图书。盗版现象的出现，不仅损害了读者的正当权益，还在相当大的程度上打击了作者创作的积极性、破坏了正常的市场秩序，对图书市场的健康发展造成了消极影响。

（三）图书的垄断竞争性

如果一个企业是其产品的唯一卖者，而且其产品并没有相近的替代品，那么这个企业就是一个垄断企业。垄断产生的基本原因是进入壁垒。一般认为，社会上众多的图书出版社不应该是垄断企业，这个市场上的买者具有多种相互竞争的产品可供选择，而且进入和退出这一行业是相对自由的。但如果考虑到版权问题，图书就具有了相当程度的垄断性。因为一本书一般只能由一家出版社出版，那么该书在市场上就具有唯一性。出版者在某种程度上可以选择其收取的价格。这个市场上的卖者是价格的制定者而非价格接受者。而且实际上，书的价格大大超过了边际成本。可以看到，图书市场存在以下特征：

（1）众多卖者：有众多的出版社在争夺相同的读者群体。

（2）产品差别：每个出版社出版的一种图书产品至少与其他出版社出版的同种类商品略有不同。因此，每家出版社都不是价格接受者，而是面临一条向右下方倾斜的需求曲线。

（3）自由进入和退出。大多数的国际出版业都规定企业可以相对无限制地进入或退出图书市场。可以预见，市场上的企业数量会一直调整到经济利润为零为止。

依照以上特征可以看出，图书的垄断性导致图书市场是垄断竞争型市场。

第二节　图书价格与定价方式

一、图书价格

图书价格的高低主要由图书生产成本、图书流通成本、出版社利润和增值税共同决定。图书生产成本是指发生在著述、编审和印装等生产过程中的各种费用，包括稿费、纸张和装帧材料费、录入制作费、印刷装订费、编审管理费、废品损失费等。图书流通成本则是指发生在图书流通过程中的各种费用，包括运输费、包装费、保管费、损耗费、管理费等。我们可以用下列公式来描述图书价格的构成情况：

$$p=c+e+t+d \text{ 且 } d=p\times\sum_{i=1}^{n} ri$$

p 表示图书价格，c 表示图书生产成本，d 表示图书流通成本，e 表示出版社利润，t 表示增值税。而 n 表示图书流通环节数，r 则表示每个流通环节的利润率。一般来讲，图书生产成本、出版社利润和增值税都是相对固定的，只有图书流通成本比较灵活。图书流通成本在很大程度上取决于图书流通环节数和每个流通环节的利润率。

二、出版业发达国家的图书定价法

西方出版业发达国家的图书定价一般是按成本定价法，此方法以图书的单位成本为基础，加上一定比例的预期收益来确定图书定价。其公式为：单位图书商品价格＝单位图书商品成本×（1+利润率）。由于西方各国员工工资较高，出版社管理费用分摊的比例也就比较大。此外，西方出版业比较流行的定价方法还有需求导向定价法。这种定价方法的定价基础是读者对出版物价值的感受和需求弹性系数，而不是出版成本。譬如美国高校教材价格不菲（部分经济学教科书定价高达上百美元），就是因为大学教材出版社利用这类图书需求弹性系数较小的缘故。日本出版社图书市场单价通常是由直接定价法与间接定价法确定的。日本图书直接定价法是以直接成本为基础，同时伴之以印数确定图书成本单价，其市场单价一般为单位图书成本的 3 倍，这种较为便捷的方法为日本出版界所常用。此外，日本的某些出版社如美铃书房仍在沿用 2.5 倍直接定价法，即定价＝（成本费用+版税）×2.5。

三、我国的图书定价法

我国比较流行的图书定价的方法主要是按印张定价、按成本定价。其中，按印张定价是我国大部分出版社长期以来沿袭的传统定价方法，这种定价方法的优点是便于计算，尤其便于计划经济条件下的生产管理。目前，除中小学课本要受物价部门批准外，出版社对一般图书普遍采用按成本定价法。此外，出版社流行的另一种定价方法是目标收益定价法，其计算公式为：单位图书商品价格＝（总成本＋目标收益额）／预期销量。目标收益定价法要求我们对于发行量有精确的估计，这有赖于编辑的实际工作经验。

四、图书定价水平比较

图书定价水平是一定时期、一定区域内图书价格的总体态势。我们可以用每册图书的平均定价占国民平均收入的比重来衡量图书的定价水平，并对各国图书定价水平做一粗略比较。2002 年我国图书平均定价是 13.38 元，同期人均国民收入是 7500 元，前者占后者的 0.18％。2002 年美国成人精装书平均定价是 27.52 美元，占同时期人均国民收入的 0.08％；少儿精装书平均定价 15.78 美元，占人均国民收入的 0.046％；成人平装书平均定价 15.77 美元，所占比重与少儿精装书一样；少儿平装书平均定价 7.3 美元，占人均国民收入的 0.021％。2000 年日本图书的平均定价是 10.24 美元，占当年人均国民收入的 0.028％。2002 年韩国每册图书的平均定价是 9.63 美元，占同期人均国民收入的 0.1％。❶ 比较这几个国家的图书定价占国民收入的比重，可以看出我国图书定价水平偏高。从读者的反应来看，2002 年中国六大城市进行的关于读者阅读习惯和阅读需求的调查结果显示，"书价太高"是读者对购书最大的不满（比率为 52.8％），高出第二位的"书的内容重复太多"20个百分点。虽然我国总体图书定价水平较高，但学术图书与一般图书的差价

---

❶ 张青. 中外图书定价比较.《出版参考》. 2009.07（下）

却低于国际水平。在计划经济年代，我国学术出版社是靠国家拨款维持的事业单位，学术图书定价与大众图书定价没有差别。近年来，随着市场观念的深入人心，学术图书按成本定价导致学术图书的定价抬升了许多。目前，我国科技类图书的定价已经明显高于大众图书，大约为大众图书定价的 2 倍，但与欧美发达国家的 4 ~ 10 倍相比，国内科技图书的定价显然还是偏低。

五、图书定价构成比较

首先，发达国家的图书定价与图书生产成本的倍数比我国要高。美国初版书的图书定价通常是直接生产成本的 4 ~ 6 倍，有时甚至高达七八倍。德国书业一般图书的零售价格至少应该是制作成本的 6 倍，才能保本不赔，科技图书因为印量较少倍数更高。其次，国内外图书定价中各项费用所占比重也存在显著的差异。美国图书定价的构成情况是：生产制作成本占 10%，批发费用占 8%，广告费用占 7%，管理费用占 8%，版税占 10%，折扣占 45%，利润占 12%。贝塔斯曼集团出版的图书的定价构成情况如下：书商折扣占 50%，印刷装订费 8%，仓储发货费 8%，市场销售费 6%，行政杂费 8%，作者所得 10% ~ 15%，利润 5% ~ 10%。目前我国一本图书的定价基本上包括 5 个部分：①直接生产成本（包括图书的材料、印刷工艺、包装、装帧、单本书的印张数等），约占图书定价的 25% ~ 30%；②作者稿酬或版税，约占图书定价的 8%；③预期利润，约占图书定价的 10% ~ 20%；④批发商折扣，约占图书定价的 5% ~ 10%；⑤零售商折扣，约占图书定价的 25% ~ 35%。

通过分析可以发现，发达国家的直接成本在图书定价中的比例低于我国，其包括管理费用在内的间接成本高于我国。此外，我国图书定价中存在宣传推广费用低、作者报酬低的现象。西方发达国家的出版业对于图书广告普遍比较重视，其图书定价中用于宣传推广的费用在图书码洋中所占比重要远高于中国书业。譬如，美国图书定价中广告比重为 7%，法国大型出版社图书广告费用要占到营业额的 5% ~ 10%，英国新书广告费占销售收入的比例一般都高于5％。目前，我国图书定价当中用于广告宣传的比重很低。有人统计，2002年全国出版业实现销售额433亿元，其中直接用于图书宣传的费用估计不到0.2％，加上各类会展费用也只占0.3％左右。

此外，我国图书定价中作者报酬所占比例偏低。据统计，美国大多数出版社采用净收入的一定比例支付稿酬。一般图书和专业图书的稿酬占该本书净收入的10％～13％，平均为11％。如果采用按图书定价支付稿酬的话，稿酬所占比重平均是10％左右。在我国，图书作者报酬在定价中的比重平均占8％左右，不过这项比重因人而异，因社而异，变动较大。目前，作者报酬的支付规定依旧以1999年国家版权局制定的《出版文字作品管理规定》为标准，其中规定的基本稿酬偏低是作者诟病的话题。在每年"两会"上，不时有作家代表建议提高文学创作的报酬。这反映出我国的作者报酬水平相对于物价上涨的速度来说是偏低的。

第三章　国际图书出版业与国际图书价格管理

随着经济社会和科学技术水平的发展，出版产业已经成为全球发展最快的产业之一。以图书经营为重点的跨媒介、跨地区经营的大型出版集团在国际市场上市场占有率不断提高，尤其是欧美发达国家，以图书市场总价值计算，美国、德国和日本作为世界前三大图书市场占据了世界 50％以上的市场份额，全球最大的 10 个图书市场占据了世界出版发行业 81％的份额。美、英、德、日等出版业强国图书出版业的特征和趋势基本一致，但是对图书价格管理的方式却存在着巨大差异，英国、美国采取自由定价制度，而法国、德国、日本却采取固定价格制度，两种制度的差别蕴含着各国对待图书所代表的各国文化的不同认同。

第一节　国际图书出版业的特征

美、英、德、日等出版业强国图书出版业的特征基本能代表和体现出现代国际图书出版业的基本特征，如出版产业迅速发展、利润收入显著增加，图书出版品种稳步增长，国内出版市场规模庞大，法律环境健全，高新技术的应用以及国际出版市场的大融合等方面。

一、出版产业迅速发展、利润收入显著增加

出版业大都成为发达国家的重要产业。以英国为例，出版产业是英国传媒产业中最成功的领域之一，英国出版产业也是世界最大出版产业之一，以

其创作内容质量上乘和题材广泛而著称于世。《英国贸易与投资》（UK Trade & Investment）的数据表明，英国大约 8 500 家出版产业公司的营业总额至少为 200 亿英镑，雇员总数达到 16 万人。英国图书出版产业的成功，大力推动了全球现代出版的发展，在世界范围内产生广泛影响。2009 年英国出版公司在全世界销售 7.63 亿本图书；在过去 5 年，儿童图书销售利润增加 9％，社科和人文图书增加 22％，英语教育类图书增加 26％；世界 4 部票房收入最高的电影有 3 部是由英国的小说改编的：《詹姆斯·邦德：微量情愫》（James Bond），《哈利·波特》（Harry Potter）和《魔戒》（Lord of the Rings）。这 3 本书目前已经创造 130 多亿美元的收入。

二、图书出版品种稳定增长

大多出版业发达的国家的图书出版品种都在逐步增长，从美国图书出版的种类数目，可以看出图书出版业是一个逐步增长的产业：1948 年度《在版书目》索引列出 357 家出版社出版的 8.5 万种图书；1992 年列出 4 万家出版社出版的新书为 13.5 万种；2003 年 R. R. 鲍克公司（R. R. Bowker）认为，近 7 万家出版社出版新书 17.5 万种。据鲍克公司统计，2007 年美国 7.2 万家出版社出版新书 284 370 种。2008 年对图书出版产业来说具有不寻常的意义，不是因为鲍克公司的统计表明图书种类减少 3.2％，下降至 275 232 种新书，而是因为博客图书种类超过传统印刷方法生产的图书种类，使美国图书种类增加 38％，达到 560 626 种，令人叹为观止。

三、国内出版市场规模庞大

出版市场规模的扩大是出版业健康发展的重要表现之一，同时，也是推动出版业发展的关键因素。以美国和英国的出版业为例，2005 年美国出版业市场销售额为 3 580 亿美元，2006 年增至 3 800 亿美元。从近几年美国出版商协会发布的数据看，美国图书市场规模一直处于高位稳定态势。2000 年美国图书市场销售额达 253.2 亿美元，约占当年世界图书市场销售总额的

30％。2008 年美国图书市场销售额为 243 亿美元,2009 年比 2008 年下跌 1.8％,图书销售额依旧达到了 239 亿美元。2010 年美国图书市场销售额为 250 亿美元。近年来,尽管受到新媒体以及电子出版物的冲击,传统出版市场销售额出现了下降趋势,但凭借在新技术方面的优势,非传统出版市场销售额增长迅速,使美国图书市场规模仍保持稳定增长的局面。其中,电子图书保持了惊人的增速,出版品种从 2009 年的 1 033 065 种增加到 2010 年的 2 776 260 种,涨幅达到 169％。在英国,每年出版新书超过 12 万种,如果加上再版书籍,每年印刷书籍种类超过 100 万种,年销售图书超过 50 亿英镑。2007 年英国的图书出版业总产值约为 80.4 亿美元,约占当年国民生产总值的 0.33％。如果再加上期刊收入,英国出版业的年生产总值达到 100.4 亿美元,占国民生产总值的 0.41％。

四、法律环境健全

保障出版业在市场经济条件下健康发展,需要建立和完善出版法律法规,充分发挥法律的制约作用来规范出版行为。市场经济要求企业的生产经营活动必须要在法律的范围内进行。施行出版法制可以使国家有效地引导、管理出版活动,规范出版的生产、流通等各个环节,规范出版市场,打击各种非法出版活动,净化出版环境,保护国内产业,促进图书出口并对出版市场依法进行宏观调控,而且国家无论是制定出版发展规划和出版经济政策,还是进行行政干预都必须有法律依据。英、美、德、日等国出版业的发展情况都说明,完善的法律环境是确保出版业规范运作的必要条件之一。

在美国,目前已形成了世界上最为详尽、全球保护范围最广的版权保护法律体系。政府从 20 世纪 70 年代就已经开始立法对版权进行保护,为维护和促进出版产业的发展,修订了 1909 年制定的《版权法》,把 28 年的版权保护有效期延长到 75 年或者作者去世后 70 年,进一步加大了对版权保护的力度。1998 年,版权保护期限进一步延长到 95 ~120 年或者作者去世后 70 年。近年来,随着新媒体技术的不断发展,美国政府又开始着手制定数字化版权保护的相关政策，对《版权法》作了重要的补充和修订，推出了包括数据库保护在内的众多立法议案，通过了《千禧年数字版权法》《电子盗版禁止法》等。国际上，美国积极加入以《伯尔尼公约》为代表的世界版权保护体系，为美国版权产品和版权产业在海外提供更好的保护。在英国，涉及出版的法律众多，不下 20 个，基本上对出版的各个环节都进行了规范，除了《版权法》《淫秽出版物法》《数据保护法》等专业法律之外，涉及出版的其他主要法律还有《儿童保护法》《邮局法》《官方机密法》《商品销售法》《消费者保护法》《贸易活动限制法》《公平交易法》和《转卖价格法》等。在法国，涉及出版的主要法律有《出版自由法》和《雅克兰法》。在德国，涉及出版的法律有《反不诚实竞争法》、《产品保证法》、《传播危害青少年之文学作品法》。

五、以并购为主要途径的国际化、全球化的发展战略

出版产业从所有制来看，国际化程度高；从经营来看，特别是从图书出版来看，具有全球化的特点。美国、加拿大、德国、荷兰、法国和爱尔兰的法人控制着一个或多个出版领域的主要公司。与此同时，以英国为基地的公司在国际出版领域具有广泛的利益，特别是在美国，这些公司在某些领域处于世界领先地位，如科技期刊、英语教学材料、中小学和大学教材、儿童读物以及通俗的插图和参考书出版。

企业并购和市场融合已成为近年来国际出版业发展的大趋势。频繁的并购导致资本与资源集中的同时，也在很大程度上促进了资源的优化配置，促成业内优势集团的诞生。通过企业并购实现资本和生产的集中，增强企业竞争力。可以说并购的过程就是生产要素及资源的重组过程，一方面使得经济资源向更高效益的领域转移，实现生产和资本的集中；另一方面能够使并购后的出版企业实现优势互补，增强企业的资金、技术、人才、市场优势，提高经济资源的利用效率和获利能力，取得规模经济效益，共享出版资源、发行系统、市场覆盖和高新技术，等等，从而进一步壮大企业实力，快速发展

成为大型企业集团，提高企业效益的同时增加企业在行业产值中所占比重。从宏观上，并购有利于提高产业集中度，发挥大企业在行业中的先导地位，集中优势开发新产品。因此，频繁的并购，并不能代表国际出版业的衰落。正是因为企业有价值，有竞争的实力，才会引来并购。

而并购最显著的作用就是促使各国出版业的集团化、跨国化和垄断化程度加剧。

以德国为例，作为世界上出版图书最多的国家之一，多年来图书出版种类稳居世界第三位，从事图书出版的企业众多。德国出版业有很多国际知名的跨国出版集团，在世界上享有很高的荣誉，如贝塔斯曼集团、霍尔茨布林克集团和施普林格集团等。美国《出版商周刊》公布的 2010 年全球出版业 50 强中，德国有 7 家出版商榜上有名，销售额达到 78.05 亿美元，占全球 50 强出版公司销售收入总额的 10.74％。其中，德国贝塔斯曼是全球十大出版传媒集团之一，在世界文化市场上十分活跃，2010 年营业额达到 217.91 亿美元。

伴随着 20 世纪 90 年代美国《联邦通讯法案》的通过，美国大型出版社完成了从分散的小型出版机构向传媒集团的转变，大多成为了大型传媒集团的组成部分。国际传媒巨头纷纷将目光投向美国市场，随着市场竞争的加剧，垄断开始向专业性发展。经并购而重新组合产生的新集团，如时代华纳拥有布朗出版社，迪斯尼拥有希伯伦出版社，贝塔斯曼集团收购了兰登书屋，默多克新闻集团掌管了哈珀－柯林斯出版集团，将原来分属不同集团但出版同类图书的出版社或部门组合到一起，把目标定位于范围较狭窄、专业性更强的业务，从而使业务范围更加专业化，使自己成为专业的出版社，加强专业垄断性，并在该专业领域占据更大的市场份额。由于知识创造能力和科学技术水平处于领先地位，使美国出版公司在本国和全球出版市场颇具竞争力。在本土市场上，美国前 50 家出版公司占据了 80％的出版市场。近两年，美国出版公司进入全球出版业 50 强的也最多。在美国《出版商周刊》公布的全球出版业 50 强排行榜中，2009 年和 2010 年连续两年有 8 家美国出版公司进入全球 50 强名单。在进入 2010 年全球出版业前 20 强的美国 5 家出版商中，有 3 家的排名名次比 2009 年有所上升，另外 2 家的名次没变，可见美国出版商的全球地位处于上升阶段。2010 年全球出版业 50 强大约有 726.35 亿美元销售额，其中，美国的 8 家出版公司和 2 家合伙出版公司的销售额约为 195.12 亿美元，占 26.86％。

六、高新技术将更多地运用于传统出版业

随着高新技术的快速发展，近年来传统出版业正在经历剧变，"无纸出版""按需印刷""电子书"等一系列新概念正逐步改变着人们对传统出版概念的认知。尤其是智能移动终端的快速普及，促进了电子出版物快速发展，"读者"与"用户"之间的界限已不再清晰，出版的内涵和外延也日渐扩大，未来出版业向数字化发展已是大势所趋。数字化改变了人们固有的阅读方式和现有出版形式，甚至图书内容的传播方式都已发生了变化。对传统出版业而言，这是严峻的挑战，更是内容创新的机遇。诸如爱思唯尔和威科集团等一批大型出版集团，纷纷投入巨资，收购在某一技术领域具有领先专长的小公司，抢占数字出版先机。美国的百科全书、工具书、教学参考书也都在逐步数字化，可在网上直接查阅。内容数字化后，使得同一内容可以以不同的形式出版。新的出版形式的出现，使出版物品种增加，生产周期缩短，内容更新也更快，其多媒体功能可充分为读者创造一个良好的视觉和听觉环境。不仅出版、发行、销售以至于图书的选题、组稿、编辑加工等一整套图书出版流程都已能在网上进行，个性化的印刷定制服务将成为出版社追求的目标。因此，越来越多的图书由纸张印刷的形式转变为数字化产品，并在网上出版。高新技术更多地运用于传统出版业将成为未来出版发展的趋势，而数字化、网络化技术对传统出版业的全面冲击将更为剧烈。

目前，美国市场上的各类电子阅读器不下 50 种，2011 年电子书在线销售额占电子商务的 15％，2012 年占到 20％。亚马逊电子书店 2011 年阅读设备 Kindle 的销售收入占到总收入的 8％，2012 年这个数字增长到 9.9％。苹

果、索尼公司也纷纷推出了各种电子图书阅读器如 iPad、Reader 等。

日本自 2000 年初便开始着手建设数字内容产业。日本数字内容协会对数字内容产业的界定分为音乐、影像、游戏和信息出版四个方面。该协会每年出版《数字内容白皮书》，总结数字内容的市场规模与动向。该白皮书的内容显示，2003～2008 年，日本数字内容产业的年增长率均保持在 8％以上。网络下载与手机下载推动了内容的流通及用户的增加，从而促进了市场规模的扩大。

第二节 国际图书价格管理制度

虽然国际图书出版业发展趋势与特点趋同，但各个国家对待本国的图书价格管理制度却有着很大的区别，有的国家践行自由定价制，有的国家采用固定价格制。两种制度都有着悠久的历史渊源、社会实践，两种制度背后呈现出不同的社会价值、法律文化观。

一、国际图书价格管理模式

一般来说，图书价格体制有两种类型。一种是和其他商品一样的自由定价，作为最终销售者，书店随行就市地自主决定图书的价格，通常被称为自由价格制度。一些国家实施的图书建议零售价，也可归于这一类。另一种是在销售时固定价格，即出版商在出版图书的同时，确定了图书的市场销售价格，书店必须按照此价格进行销售。这种书店按照固定价格销售，没有自由的定价权的价格机制，通常被称为固定价格制度。

在市场经济国家，一般商品的价格都是自由浮动的。但由于图书是一种特殊商品，图书市场具有不同于普通商品市场的一些特征，因此，各国倾向于对书价采取一种特殊的政策。这两种截然不同的价格管理制度的差异主要表现在对市场需求信息的依赖程度不同。由于这两种制度各有利弊，一些国家在制定具体政策时，往往是选择一种形式，再结合其他的措施，以最大限

度地优化出版物价格管理制度。例如，日本实行的部分图书维持转售价格
（Resale Price Maintenance）❷，而一些销售不佳的图书，由出版社提供一定参
考价格，书商可以视情况改变出版物的价格，自行降价处理；或者美国实行
的由书商自由确定零售价，但出版商可以提出建议书价，以供参考。目前国
际上多数国家的图书市场都是采取维持转售价格制度。

二、国际图书价格管理情况

从历史上看，自从 20 世纪以来，大多数国家都经历了图书定价的这一重
要的图书发展阶段。20 世纪 70 年代，竞争政策的发展掀起了废除这些协议
的热潮（澳大利亚于 1972 年，瑞典于 1974 年，英国于 1995 年），在那时，

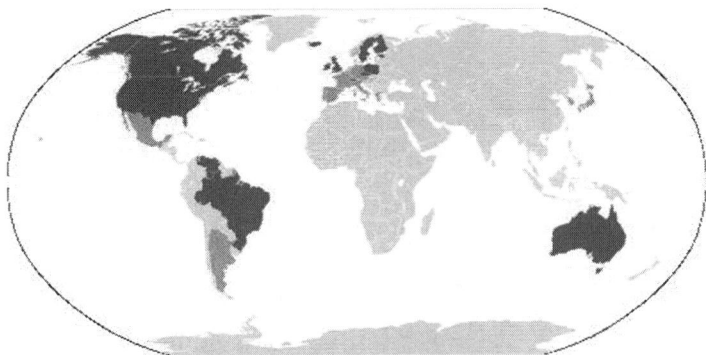

■Countries with book prices fixed by law. 由法律制定图书定价的国家
■Countries with book prices fixed by business agreement. 由协议制定图书定价的国家
■Countries without fixed book prices. 自由价格制度的国家
■No Data. 没有相关统计的国家

图 3-1　全球范围内图书定价情况分布

---

❷ 转售价格维持又称为转售价格限制，它是生产商和销售商常常采用的一种经营策略，是指制
造商（供应商）确定销售商（分销商）向客户转售商品的价格的协议。这是一种颇有争议的行为，
它既不像横向固定价格那样具有明确的反竞争性，又不像纵向非价格限制那样对竞争有诸多好处。对
此，学者们从不同的角度对其利弊进行了经济学分析。传统的限制竞争说认为，控制转售价格协议是
制造商或者零售商出于维持其卡特尔组织或其他限制竞争的目的而订立的，具有反竞争效果，必然会
造成垄断性的社会经济后果，因此应予禁止。增进效益说则强调该行为对增进效益的影响，认为其可
以促进销售商服务水平的提高，防止"搭便车"行为的发生，利于维护品牌形象等。

任何形式的转售维持价格都受到各种质疑。相反的，其他国家（西班牙于1975 年，希腊于 1997 年，意大利于 2005 年）开始制定关于强制执行图书定价的相关法律。

表 1 给出了自由定价制度和固定价格制度在各发达国家的发展回顾（来源：欧洲出版商联盟）。

表 3-1　发达国家的图书价格制度

国别	图书价格管理方式
德国	固定价格制度
阿根廷	固定价格制度
奥地利	固定价格制度
韩国	固定价格制度
丹麦	固定价格制度
西班牙	固定价格制度
法国	固定价格制度
希腊	固定价格制度
匈牙利	固定价格制度
意大利	固定价格制度
日本	固定价格制度
卢森堡	固定价格制度
墨西哥	固定价格制度
挪威	固定价格制度
荷兰	固定价格制度
葡萄牙	固定价格制度
斯洛文尼亚	固定价格制度
比利时	自由价格制度
澳大利亚	固定价格制度
巴西	自由价格制度

国别	图书价格管理方式
加拿大	自由价格制度
爱沙尼亚	自由价格制度
美国	自由价格制度
芬兰	自由价格制度
爱尔兰	自由价格制度
波兰	自由价格制度
捷克共和国	自由价格制度
英国	自由价格制度
瑞典	自由价格制度
瑞士	自由价格制度
委内瑞拉	自由价格制度

三、自由价格制度

（一）自由定价制度的原理来源

自由价格机制是一种经济机制，在这种机制下，价格单纯由贸易的供给和需求决定，而非由政府指定，这使得价格能够成为市场上的信号，协调生产者和消费者之间的互动，并指引资源的生产和分配。经由自由价格机制，供给是合理而有效的，利润的分配也是合理的，而资源也能够被正确地分配。自由价格机制是自由放任的资本主义体制所不可或缺的。而与自由价格机制相反的是固定价格机制，亦即价格是由政府所指定，这种情况则会出现在社会主义国家的计划经济里。

与价格由政府所决定的计划经济，亦即固定价格机制不同的是，自由价格机制将价格的决策分散到贸易中，在这样的市场经济中，价格是由买卖的双方所决定的，在卖方出价、买方讨价的过程中，双方透过对于价值的主观判断决定最后贸易的价格。由于消费者所拥有的资源是有限的，因此，他们会依照自己对于不同产品（和服务）的需求作出先后衡量，并以这种衡量来决定产品和服务的价值。而透过市场上的价格信号，资源同样有限的生产者便能得知消费者的需求为何。紧接着，生产和服务的适当价格也就此产生。这样一来一往的过程便设立了市场的价值，并能正确地引导资源、财富的分配和发放。

（二）自由定价制度的操作

自由价格体系是图书以自由价格在市场销售的定价制度，出版社通过周密的成本核算后，以一定的折扣批发给中间商，只要能保证正常运营，零售商可以自由定价销售。

在自由价格体系下，零售企业对最终销售价格具有较大自主权，而出版企业对最终销售价格的控制力较弱。因此，我们通常可以看到零售企业对价格弹性较高的图书品种，比如大众图书，通过打折降价等手段提高销售量，以获取更大的经济利益。

（三）各国自由定价制度的历史、发展以及对经济的影响

自由定价制度的国家代表是美国和加拿大，还有一些国家是经由定价制以后演变成自由定价制度的。挪威的图书定价制始于1850年，但由于消费者具有很强的反垄断意识，从20世纪50年代开始，谋求通过规制限制竞争行为的法律禁止图书定价制的呼声越来越高。公平交易委员会经过一系列调查听证，终于在1970年取消了反垄断法对于图书维持转售价格的适用除外，废除了图书的定价制度。英国则是经过曲折之后走向图书自由定价。英国的图书定价维持协定的发端可以上溯到1829年，广泛的实施则始于1899年的"净价书协定"。1962年，在关于定价制是否损害公众利益的争论中，反限制竞争法庭认为，废止这一协议将会使消费者利益受到实质性损害，因此，得出了应当维持这一协定的结论。但是，到了20世纪90年代末期，伴随着大型书店连锁店和大型出版社的相继退出，点燃了净价书协议崩溃的导火索。值得研究的是，当年认同定价制的反限制竞争法庭，在1997年的听证会上，推翻了1962年的观点，认为当时的结论不再有效，法庭决定对图书定价销售

行为进行制裁，英国重新进入图书自由定价国家的行列。此外，芬兰和澳大利亚等国也先后恢复了图书的自由定价制度。

四、图书固定价格制度

1. 概念与原则

一般来说，在销售时采固定价格，即出版商在出书的同时，确定了图书的市场销售价格，书店必须按照此价格进行销售，没有自由的定价权，这种价格机制就是固定价格制。图书固定价格制度实际上是在产业经济学研究的维持转售价格在图书上的应用形式。即在纵向关系上，产业链的上游出版社对下游的经销商和零售商实施约束，限制他们在转售商品时的价格决定权。从历史上看，许多行业都实施过维持转售价格，如服装、汽油、啤酒、牛奶、制药、家用电器、面包、汽车、表、瓷器、电视机，等等。根据日本著名学者长谷川古的研究结论：图书是历史上实施最早，至今也是实施范围最广的维持转售价格产品。

图书定价的原则是建立起有大量库存的、高质量的书店密集区域或网络，这既是书籍能够大量出版的一个必要条件，也是对国家文化生活很好的诠释。图书定价主张出版商减轻价格竞争压力，从而保证高品质的书店有足够的利润来维持经营。

2. 图书定价制度的形式

国际上图书定价制度一般采取两种形式：①图书固定价格协议（Fixed Book Price Agreement，简称 FBPA），它在出版商和书商之间采取协议的形式来设定面向大众图书的价格。图书固定价格协议是在图书业中维持转售价格的一种形式。英国先前的"净价书协议"就是图书固定价格协议的一个例子。图书固定价格协议的主要理念就是鼓励书商之间的非价格竞争，除了畅销的大众读物外，让那些鲜为人知、难以推广或者有文化底蕴的图书同样拥有销售市场。图书固定价格协议认为这样做可以确保书商在畅销书的保障下，提供相应的售前服务以收回更高的成本。②图书定价制度法（Fixed Book

Price Law，简称 FBPL）。法国的雅克·朗法就是图书定价制度法中非常具有代表性的一个。这两种不同形式的图书定价制度从 20 世纪初就已经在很多发达国家采用。发达国家的图书固定价格的变更和形式见表 2。

表 3-2   发达国家的图书固定价格的变更和形式

国别	是否采用固定价格	形式
德国	是	1888 年开始使用，2002 年由协议转为法律形式
阿根廷	是	2001 年制定法律
奥地利	是	2000 年制定法律
韩国	是	
丹麦	是	1837 年签订商业协议，2001 年进行修订
西班牙	是	2007 年法律取代 1975 法律
法国	是	1979 年取消协议，1981 年制定法律
希腊	是	1997 年制定法律
匈牙利	是	协议
意大利	是	2005 年制定法律
日本	是	
卢森堡	是	只对国内发行的图书采取定价
墨西哥	是	2008 年制定法律（只适用于图书出版后的前 18 个月）
挪威	是	协议
荷兰	是	1923 年签订协议
葡萄牙	是	1996 年制定法律
斯洛文尼亚	是	协议
澳大利亚	否	1972 年废除
比利时	是	限制在 6 个月
巴西	否	研究中
芬兰	否	1971 年废除
爱尔兰	否	1995 年废除，争论至今

续表

国别	是否采用固定价格	形式
英国	否	1995 年废除
瑞典	否	1974 年废除
瑞士	否	1999 年由竞争委员会禁止，再次提出的立法 由 2012 年的公民投票宣告失败

3. 各国对图书固定价格制度的立法和评价

纵观各国立法，对于维持转售价格制度，大都做了禁止性规定，但对于少数一些行业往往也予以豁免，例如图书、报纸及药品等行业。一些国家会在可以证明维持转售价格的增进效益的作用大于其限制竞争的危害时，对维持转售价格实行豁免。由于图书是一种兼具文化性和商业性的特殊商品，各国对书价都采取特殊的政策。虽然各国做法有所不同，但其目的都是为了保护本国图书业的发展。目前，世界上大多数国家一直实行维持转售价格制度。迄今在欧盟 15 国中，已有 9 个成员国（德国、奥地利、西班牙、法国、希腊、意大利、卢森、荷兰和葡萄牙）制定了维持转售价格政策。日本《禁止私人垄断及确保公正交易法》第六章第 24 条规定，"发行著作物的事业人或者销售其发行的著作物的事业人，与销售该著作物的向对方事业人商定、维持著作物再销售价格的正当行为，同第 1 款（豁免）"。韩国亦有类似规定。

一直以来，图书定价协议受到很多争议。一方面，一部分经济学家怀疑图书定价的文化价值，强调它的扭曲效应，认为它限制了竞争。另一方面，经济学家和图书业认为图书定价是唯一能够保证发行困难的、有文化价值的图书顺利出版的手段。

第四章　出版业发达国家图书价格管理概况

本书对国外研究对象的选择主要考虑以下几个要素，一是出版业比较发达，二是具有一定的代表性。因此，我们主要以英国、美国、法国、德国（1990 年两德合并以前，各种数据是联邦德国的）、日本、韩国和中国台湾省的图书价格管理制度为主要研究对象。

第一节　英国图书价格管理制度

一、英国图书定价制度的历史

英国被认为是实施图书维持转售价格最早的国家，其发端可以上溯到 1829 年。这一年，英国的出版社和销售商签订了一项协议，规定同一图书无论在何处都必须以书中标注的统一价格销售。该协议于 1830 年开始实施，但是，由于业界意见不一致以及零售阶段所出现的不遵守协议的情况，1852 年协议破裂。

到了 19 世纪末，图书维持转售价格机制出现了复活迹象，当时英国出版业发行商之间竞争加剧，导致低价倾销现象相当普遍，不少发行商因此破产，销售渠道不断萎缩，进而影响了整个英国出版业的健康发展。在这种情况下，1896 年英国设立了出版商协会。1899 年，英国出版商协会和发行商协会签订了对英国图书业影响巨大的净价图书协议，当时英国的 6 400 多家出版社中有 380 家加盟了出版商协会。

在净价图书协议的约束下，90％的新书采取了维持转售价格的形式。该协议规定：出版社有权决定是否采取维持转售价格，并有权决定图书的价格。其对成员的规制主要体现在：第一，实施维持转售价格的出版社，不得以低于定价的方式向消费者销售图书；第二，书店的最后进货已超过 12 个月，并且被出版社拒绝退货时，可以低于定价销售；第三，在协会的认可下，图书馆等机构可以低价销售图书，违反协定的会员将予以处理。

二、英国图书定价制度的变更

英国实行图书定价制度之后，有力地解决了出版业发展之初市场秩序失范所产生的严重问题，推动了出版业的快速发展，但是，任何制度安排都可能产生正的和负的外部性问题。随着英国出版业的不断发展成熟，图书定价制度的负外部性问题开始显现，主要表现为出版商或发行商之间所形成的垄断抑制了竞争的开展，进而不利于消费者和社会福利的提高。

于是，1962 年，英国出版业展开了关于定价制是否损害公众利益的争论。但是，反限制竞争法庭认为，废止这一协议将会使消费者利益受到实质性损害，因此，得出了应当维持这一协定的结论，其根本依据是图书是特殊的商品。法院认定，如果取消维持转售价格，会导致专业书店数目减少，留存下来的少量专业书店的库存也会减少；大部分图书的零售价会提高；出版新书的数量将会减少，其中包括文艺、学术价值高的图书。

20 世纪末，大型书店连锁店和大型出版社相继退出净价图书协议，点燃了图书定价制度崩溃的导火索。1989 年，大型书店潘托斯对公平交易厅提出应该通过价格竞争促进图书市场的扩大，虽然此要求被拒绝，但他们仍强行进行了一些图书的打折销售。1991 年，作为对潘托斯的声援，最大的出版社赫德宣布退出净价图书协议，出版的图书实施自由定价。此后，几个大规模的出版社和图书销售集团相继退出净价图书协议。到了 1995 年，由于赫德等四大出版社的相继退出，净价图书协议实质上已经失去了存在的意义。因此，1997 年反限制竞争法庭推翻了 1962 年的观点，认为当时的结论不再有效，法庭作出了净价图书协议非法的判决，并决定对图书定价销售行为进行制裁。

于是，英国出版业终止了这项实行了近百年的制度，改为自由价格体系，英国重新进入了图书自由定价国家的行列。

三、英国自由价格制度对图书出版业的影响

回顾英国百年图书定价制度兴衰演变过程中的重要争论，特别是1962年和1997年的两次重要争辩，不难发现，外部性是图书定价制度存废的关键。1962年的争辩是基于正外部性而主张存立，而1997年的争辩则是基于负外部性而主张废止。从公共经济学的角度来看，图书定价制度实质上是具有外部性的公共政策，因此，外部性的正负是制度存废的重要依据。

净价图书协议确立的初衷是要解决发行商非理性价格竞争以及由此可能引发的负面影响，而它在消除这些负外部性方面确实具有积极的意义：一是提高了零售价格，避免了负面影响；二是提高了销售服务或产品质量，一定程度上增加了消费者福利。因此，即便考虑到零售价格上涨所导致的消费者福利损失，这一政策还是具有明显的正外部性，这成为净价图书制度得以确立的学理依据。到了1997年时，图书定价制度的负外部性在产业环境变化的背景下被无限放大：一是图书定价制度有助于发行商或出版商之间形成卡特尔，不利于消费者和社会福利提高；二是由于技术、商业模式等产业环境的变化，图书定价制度废止可能导致的负面效果将不复存在。

从理论层面来看，图书定价制度的外部性具有不确定性，所以对于其外部性正负及其程度的判断取决于不同的前提条件，如产业成熟程度、市场结构、政策条件、环境条件、信息条件等。就此而言，两个时期的不同决策都有其合理性，前者是基于出版产业的起步和发展阶段弥补市场失灵、消除负面影响、维护市场秩序、促进产业健康发展的科学选择，并对英国出版业的发展产生了积极影响；后者则是基于出版产业成熟阶段禁止垄断、鼓励竞争，实现消费者和社会福利最大化的优化选择，也得到实践的部分验证。

在图书定价制度下，中小出版社可以很好地保护自身的利益，而在自由价格体系下，出版社失去了对价格的控制，很容易陷入恶性竞争之中，中小

出版社很容易成为牺牲品。净价图书协议废除之后，图书销量剧增，不少新书五折甚至四折销售，中小书店纷纷倒闭，中小出版社被出版集团并购。到了 2006 年，英国图书市场 52.9％的份额已经被阿歇特、兰登书屋、企鹅和哈珀·柯林斯这四大出版集团所掌控。

英国废除图书定价制度已经有十几年了，一些学者的跟踪研究结果表明，尽管英国出版业内部对此还存在不同的看法，但实行自由价格体系对英国出版业发展的总体影响还是正面的。从目前所搜集到的有关净价图书协议废除的文献中可以发现，净价图书协议的废除对英国的图书市场产生了重大影响，尽管有不少自由定价造成威胁的争论产生，但似乎并没有要重新实施净价图书协议的呼声。

第二节　美国图书价格管理制度

一、美国的图书市场管理方式

美国是个讲求自由民主的国家，鼓励自由竞争的图书贸易行为，让市场机制自行决定价格。美国通过《罗宾逊–帕特曼法（Robinson–Patman Act）》以及《反垄断法》对图书市场进行引导和规范。罗宾逊–帕特曼法并不是规范商品卖至消费者的价格，而是站在公平的角度，让中小型业者能与连锁店在相同条件下竞争，避免连锁店过度挤压中小企业的市场，维护多样性的销售市场。

《罗宾逊–帕特曼法》是 1936 年时美国为了防止厂商差别待遇而设立的法案。该法案是 20 世纪 30 年代美国经济大萧条时期，为了抵制不断增长的杂货连锁店势力所颁布，特别是针对大西洋与太平洋茶叶公司（以下简称 A&P）而来。A&P 为美国知名超级市场连锁店，当时人们担心 A&P 运用其进货能力，从供货商处取得比其竞争对手和小零售商更低的批货价格，然后采取低价倾销的方式，使其对手从市场机制中被淘汰。

该法案由国会议员 Wright Patman 批准,禁止任何个人或企业采用价格歧视的手段向不同的购买者销售相同商品,因为这样可能会削弱竞争导致垄断。法案中第一条提到关于价格、服务或设施的差别待遇这个议题。关于价格与顾客选择,有如下规定:在美国从事商业活动时,同等级不同购买人若在购买同质量商品时有价格差别待遇,且该价格差别会对市场造成垄断,则属违法。整体来看,《罗宾逊-帕特曼法》目的在于规范厂商间的交易行为,厂商间交易不可以价格歧视、回扣、服务、回馈等方式而造成市场独占,避免大企业垄断市场,保护中小型业者的生存空间,并维护市场销售的多样性。在这一反托拉斯体系下,以保护市场竞争和维护自由贸易为基本,图书可以在市场销售中自由定价。同时,美国图书凭借其成本结构、首印量大以及汇率等方面的优势,对英国市场形成巨大威胁,这也是导致英国废除图书定价制度的一个原因。

二、经典案例

1998 年,美国书商协会(American Booksellers Association)和 25 家独立书店对邦诺书店(Barnes & Noble)和博得书店(Borders)发起一项反垄断的诉讼。此诉讼声称该连锁店使用其影响力与出版商获取秘密、非法的交易和优惠待遇,且此连锁店和出版商的交易使他们处于竞争劣势,并威胁到他们的生存以及美国图书销售的多样性。它主张连锁书店必须遵守商业合作条款,支付超过的广告费用,并且此合作条款不适用于独立书店。

其中美国书商协会指控邦诺书店和博得书店的违法情况如下:

(1)邦诺书店与图书批发商 Bookazine 之间存在不公平的购书协议。通过这个协议,邦诺书店可以从 Bookazine 获得与独立书店不同的优惠价格。

(2)邦诺书店和博得书店还从美国最大的图书批发商英格拉姆图书公司(Ingram Book Company)得到价值 $1\% \sim 5\%$ 的额外"奖励"款项。独立书店通常只能得到六折的批发价格,而邦诺书店和博得书店却能获得英格拉姆图书公司五七折到五八折的优惠价格。

（3）英格拉姆图书公司要求独立书店在一个月结束后的 10 天内付清进货账单才能获得 2％的订书折扣，而对于邦诺书店和博得书店，允许它们在一个月结束后的 25 天内付清账单，且仍然能够获得此折扣。

美国书商协会与邦诺书店和博得书店在 2001 年达成和解，美国书商协会以 470 万美元的代价放弃对邦诺书店和博得书店的诉讼，此法案的审理过程持续了近 3 年。根据诉讼结果，被告（邦诺书店和博得书店）不需要改变其经营模式。

三、自由定价对美国图书出版业的影响

在自由价格体系下，美国一般不限制书店对读者的售价与折扣，但同时它不允许出版社对不同规模的书店提供不同的供货折扣，以避免大型连锁书店以进货规模优势获得优惠的进货折扣，从而对小书店形成不公平竞争。这就在一定程度上保证了美国出版业有一个较为合理的书店布局和结构。

20 世纪 70 年代末期和 90 年代中期，美国经历了两次纸价上涨，1975～2000 年，不考虑通胀因素，精装本和平装本图书价格平均上涨了 10％和 38％。这是由于出版社为了实现收支平衡，节约成本，通过提高书价来弥补损失，但是这一举措催生了书业的恶性循环：图书更多地走进了非传统销售渠道。畅销书以大幅度的折扣大量售出，出版社加大畅销书的印量减少其他非畅销书的出版，导致新书品种不断减少，严肃文学、有价值高质量的出版物式微。随后，出版社不断提高图书定价，以维持高折扣下的盈利，而绝大多数的独立书店因无法与超市和网上书店相抗衡，纷纷倒闭。

同样，电子书的定价问题也成为近来业界争论的焦点。亚马逊为 Kindle 阅读器确定的 9.99 美元定价广受争议，一方面出版商认为新书采用这个低定价，会侵蚀纸质图书可实现的收益；另一方面，不少人认为电子书省去了印刷、发行、营销等成本，所以可以定价更低。围绕于此的争论和博弈仍在继续。

需要指出的是，任何一种制度安排均可能有正、负两个方面的影响，对

它的选择是利弊权衡的结果。问题在于，当我们选定某一种制度安排后，并不意味着我们不应该采取一定的措施来抑制它的负面影响。美国出版业的做法值得我们思考。在自由价格体系下，美国一般不限制书店对读者的售价与折扣，但同时它不允许出版社对不同规模的书店提供不同的供货折扣，以避免大型连锁书店以进货规模优势获得优惠的进货折扣，从而对小书店形成不公平竞争。这就在一定程度上保证了美国出版业有一个较为合理的书店布局和结构。

第三节　欧盟图书价格管理制度

欧盟出台的"图书定价制"影响欧洲图书市场已有十多年之久。早在18世纪，有关图书统一定价的提议就在欧洲的出版业出现了。1887年，由德国行业协会制定的图书价格管理条例正式揭开了图书定价制在欧洲长远的发展序幕。该制度能够使欧洲国家的图书文化受到某种程度的保护，得到健全发展的环境。然而，这种与自由经济贸易相违背的制度，也常常受到反对者的质疑。1977年，一场文化面与经济面相互碰撞的争论被提交到欧盟相关组织。1981年，欧洲议会全体议员一致通过图书定价制的决议，认为自由竞争的结果有可能使得文化发展的道路受到阻碍，图书统一定价能够为中小型出版商和书商提供生存与发展的空间，同时，有效地保护文化发展与出版产业。随后，众多欧洲国家纷纷通过颁布法律或者制定协议的形式来统一本国的图书价格。

目前，在欧盟25个成员国当中，有11个国家实行图书定价制。其中通过立法的形式实行的国家有德国、奥地利、西班牙、法国、希腊、意大利、荷兰、葡萄牙以及斯洛文尼亚；通过行业协议的形式实行的有丹麦和匈牙利。只有比利时一直实行自由图书价格制；瑞典、英国、爱尔兰以及芬兰则在推行一段时间后放弃了图书定价制。欧盟大部分成员国实行图书定价制度的情况如表4-1。

表 4-1 欧盟大部分成员国实行图书定价制度的情况

国别	是否采用图书定价制	制度形式
德国	是	1888 年开始使用，2002 年由协议转为法律形式
奥地利	是	2000 年制定法律
丹麦	是	1837 年签订商业协议，2001 年进行修订
西班牙	是	2007 年法律取代 1975 法律
法国	是	1979 年取消协议，1981 年制定法律
希腊	是	1997 年制定法律
匈牙利	是	协议
意大利	是	2005 年制定法律
荷兰	是	1923 年签订协议，后制定法律
葡萄牙	是	1996 年制定法律
斯洛文尼亚	是	法律
比利时	否	目前争议中
芬兰	否	1971 年废除
爱尔兰	否	1995 年废除，争论至今
波兰	否	
捷克共和国	否	
英国	否	1995 年废除
瑞典	否	1974 年废除

欧盟的《基本人权宣言》，强调要尊重各加盟成员国文化、宗教、语言的多样性。因此，无论是整个出版产业，还是图书出版业，对于各国政府来说，不仅仅是一种产业，而且要看作是支撑各个国家、各个地区文化主体性的基础。最近，欧洲书商联合会就统一定价销售等问题发表了一项政策性声明，声明重申图书定价销售协议是图书贸易健康发展的基础。联合会会长约翰·希金说："我们的态度非常明确，我们不像其他文化企业如音乐、戏剧、

美术等一样需要特殊资助，但是，由于图书销售的利润不稳定，我们也确实需要一个能够使书店得以生存的商业环境，那就是维护统一定价制度。"

尽管欧洲各国拥有各自不同的文化传统、综合国力和发展开放程度，但是，以调节文化多样性为原则的文化建设理念却让几乎所有的欧洲国家达成了共识。

一、法国

1. 法国图书定价制度的历史

在法国悠久的出版业历史中，图书售价问题一直备受关注。近几十年间，法国图书业先后实行过3种定价制度，分别是"建议书价"、"自由书价"和"统一书价"制度。从没有法律约束随意标价到通过法律手段来规范图书定价，法国的图书业逐渐呈现出明朗的发展趋势。

（1）建议书价时期。1979年以前，法国图书采用的是传统的建议书价，即出版商向零售商提出图书的建议售价，书店以此作为参考，自行确定零售价格。这一时期的图书定价是没有法律约束的，出版商可以按不同季节，根据政府对物价不同的控制政策，自由地对书价提出建议。然而，由于各个书店图书售价不一，不少大型书店普遍采用低价售书的方式招揽更多读者，使书店间的销售差异逐渐扩大，导致许多中小书店面临破产的境地。因此人们对实行建议书价制度产生了怀疑，要求取消建议书价的呼声越来越强烈。

（2）自由书价时期。为改变建议书价方式带来的窘境，1979年7月，法国政府开始制定图书销售法令，该法令规定"每个零售商可以自行规定书价"。这是用法律干预图书售价的开始，自此，法国图书业步入自由书价时期。所谓自由书价制度就是要求出版商以某一确定书价将书卖给书商，书籍上不许印出标价，图书销售价的制定权完全转给了销售者，各种图书零售点可以根据自己的图书进价和期望的利润空间确定图书销售价格。图书上不标价，消费者就无法比较图书价格的高低，似乎这就可以防止消费者都涌到大书店去购书了。

但事实并非如此，实行纯书价制度使大书业集团以低价售书作为竞争手段合法化，从而迅速抢占图书市场，使中小书店和专营书店境遇更加凄惨。同时，降价售书表面上对读者有利，实际上损害的是读者的利益。因为只有实力雄厚的书业集团和超级市场才能依靠大量进货而长期地实行降价售书，而这一点中小书商是不可能做到的。这样，中小书店在和这些大的书业集团和超级市场的竞争中，就处于不利的地位。书业集团和超级市场为了赚取利润，更看中图书的商业性，因此，畅销书和市场看好的书将成为他们的首选，而其他的书往往被忽略。而中小书店的存在，正是对这类书发行的补充。况且，中小书店靠近消费者的居住区，为消费者提供了不少方便。一旦中小书店破产，势必将图书网点的合理分布打破，同时导致图书种类的单一化，也影响到作者创作积极性的发挥，最终消费者的利益也将受到损害。因此，自由书价制度实行不到 3 年的时间就被取消了。

（3）统一书价时期。在自由书价制度期间，法国曾就读书与出版方面的问题作了一个广泛的社会调查，得出的主要结论是：1/3 法国人不读书，1/2 法国人不买书；图书纯商业化运作极大地危害了文学创作，并危及图书销售和出版自由；书商随意降价售书，使中小书店和出版社的处境危难等。法国前文化与传播部部长莱奥塔尔在 1980 年说："图书是所有知识与文化传播活动中所无法取代的东西，是法国的第一文化事业。"面对图书的不规范定价所造成的图书市场的混乱，1981 年 8 月 10 日，法国议会投票通过了一项法律，对图书实行统一定价制度，即规定图书价格由出版社按成本定价，并在固定位置明确标示，任何图书销售机构都不得擅自加价或减价销售图书。该法律由当时的法国文化部长雅克·朗签署实施，故被称为《雅克·朗法》，又被称为《1981 年 8 月 10 日法》。

统一书价制度不仅明确了图书的价格，而且也对各种销售渠道的图书折扣作了规定，一般都不会低于九五折，只有一些特殊团体和机构才能得到更多优惠，《雅克·朗法》对此作出了补充规定：第一，由于销售过时（新版书进货几个月后），书商有降价 5％的权利，而且只允许最多降低 5％；第二，机关单位、学生家长联合会、企业和图书馆等集体购书，可自由地与批发商或书商议价购书，降价比例不限；第三，邮购俱乐部在初版图书 9 个月后印行的图书，不受统一书价的约束，可另行确定售价；第四，进货超过 6 个月，出版已 2 年以上的图书，可自由降价出售；书商为读者提供服务，例如查询图书、邮寄图书等，不许加收手续费，仍按统一书价出售（邮寄加邮资）。政府的这一举措最大限度地创造了图书销售的公平竞争环境，也赢得了业界的赞许和支持。同时，法国规定出版后两年的图书或最后进货时点超过 6 个月的图书可以实施一定幅度的降价销售。对于那些慢销书，在超过定价制规定的期间以后，可以每年举行两次展销活动，以原定价 24% ~ 45% 进行销售。

1982 年 1 月 1 日，《雅克·朗法》生效后，曾遭到一些书商的反对和抵制。反对者认为该法律限制了竞争，它只让出版商确定图书的零售价，对书商而言是极不公平的。最早抵制该法的是莱克莱克书业中心，它向国务会议上书，对政府的决定提出质疑。至 1982 年年底，该书业中心仍然继续实行非法书价，并得到主要超级市场集团的支持。1984 年 5 月，书业集团弗纳克又掀起了"欧洲书价运动"，抵制《雅克·朗法》。不少出版商联合起来，提交紧急诉讼案，并一致行动，停止向其供书，才迫使弗纳克停止这一活动。1982 年 12 月 29 日，为维护其权威，法国最高法院颁布了《关于违反〈雅克·朗法〉的惩罚条例》，并于 1985 年 3 月 21 日生效。1985 年 5 月 29 日，国务会议又相继颁布了该条例的《实施细则》，对违反该法律的行为进行处罚。处罚分 3 种方式：①起诉，对违法行为进行民事诉讼。1986 年，出版联合会和 28 家出版商向法院起诉莱克莱克书业中心的 3 家书店违反《雅克·朗法》，结果法院令被告立即停止低价售书，否则罚款。②抵制，由行业组织出面对违法行为采取联合行动即出版商联合起来不向书店供书。1987 年，28 家出版商曾联合不向低价售书的超级市场供应图书。③罚款，根据罚款细则，对违法降价售书者，降价书每册可罚款 600 ~ 1300 法郎。

2. 法国图书定价制度的发展

时至今日，法国出版业仍然贯彻实行着图书统一定价制度。既然是市场经济，为什么要规定统一定价、规定降价幅度呢？巴黎协会的专员让·萨哈热拉给出了这样的解释：《雅克·朗法》指的"统一书价"，不是指书的定价，而是指销售价，书的定价由出版社自主，允许书店在图书定价5％的浮动范围内售书。他说，之所以要作这样的规定，目的就是为了保护文化产业的多样性。如果允许图书在销售过程中大降价，那么，那些难于出版的学术性著作、非畅销书的销售就会受到压制，专营这些图书的书店老板必然亏本，从而导致书店被挤垮，非畅销书的出版更加困难。他还说，在今天的自由社会里，要让人们接受《雅克·朗法》是很难的。而《雅克·朗法》在法国执行了20多年，"统一书价"已被全民接受了，已经没有真正的冲突了。这是因为法国人有一个信条："图书是产品，又不是一般的产品，要保护图书的文化特性。"

2006年7月，在该法颁布即将25年之际，《法国图书周刊》针对此项法律的实施效果，对法国不同的图书发行零售机构进行了调查，并于9月公布了调查结果，绝大多数被调查机构的反应积极。此项调查以电话采访的形式进行，共询问了法国80家一级书店的300处分销点、80家二级书店、25家文化用品大卖场、40家超级市场、25家大商店、30家零售俱乐部和20家新书折扣商店。其中，93％的被采访机构认为此项法令基本有效（56％）或非常具有成效（37％），仅有7％的图书销售者认为该法令产生了消极影响。

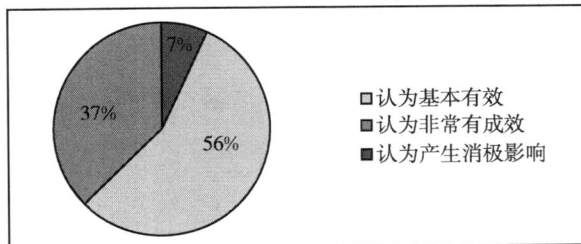

图4-1　法国图书发行零售机构对本国图书定价制度的评价

调查中，85％的被采访者认为统一书价彰显了图书与其他商品的差异，使图书的文化传承作用重新受到重视和加强。但也有81％的人认为这种书价制度也使得图书在面对其他文化产品的竞争时变得脆弱，因为《雅克·朗法》的规定严格，图书市场难免对国家政策的依赖性加强，对市场变化不敏感，应变能力降低。虽然该法律制定时并没有考虑它对图书价格变化能起到什么作用，但大部分被调查的零售商（67％）承认统一书价限制了书价的上涨，不过，48％的超级市场和38％的新书折扣商店却持完全相反的看法。

这样的一个调查结果可以说明，《雅克·朗法》比较有效地控制了图书发行销售领域的不良竞争，图书价格也被控制在一个相对合理和可接受的范围内。但与此同时，该法在限制行业兼并方面并没有达到预期效果：62％的零售商认为《雅克·朗法》没有减缓图书贸易日益集中的趋势，36％的被调查者觉得只有超级市场和文化用品大卖场的图书专柜的发展受到了有效控制。

除了要控制恶性竞争和行业过分集中外，《雅克·朗法》的第三个作用——保护出版领域的多样性得到了业内的普遍认可（71％），另有52％的零售商和超过80％的一级书店承认《雅克·朗法》没有损害他们的经济自主权。但同时，也有52％的零售商认为该法促使出版过剩。

图书定价制度同样影响着法国对于电子书的定价态度。近日，法国参议院通过了"电子书统一定价"的提案，允许出版社将电子书按照统一固定价格进行销售，以保护小型书商和出版商不受亚马逊、苹果、谷歌等巨头的冲击。同时，这项法律还规定，一本电子书在刚推出之时，图书馆不可以提供该电子书的借阅服务。法国文化部部长弗雷德里克·密特朗对这项提案的通过表示欣喜。据悉，这项法律也适用于在法国营业的海外书店，因此，亚马逊等将无法以半价出售法国出版的电子书。

3. 法国图书定价制度的影响

在保护中小型零售书店的正常运行及法国图书市场的文化多样性方面，图书定价制度起到了明显的控制作用。《雅克·朗法》对于图书价格的有力保护，加上浓郁的倡导阅读与文化的城市环境，各类图书都有着各自繁荣的发展市场。

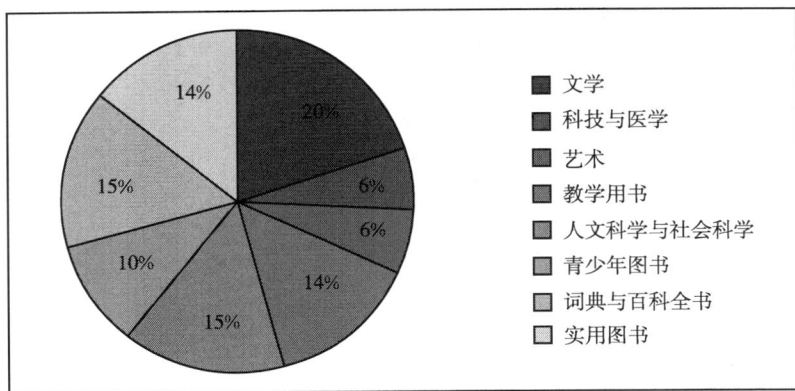

图4-2　法国各类图书所占销售额的比重

　　法国图书大致分为文学、科技与医学、艺术、教学用书、人文科学和社会科学、青少年图书、词典与百科全书、实用图书这几大类，各类图书所占的销售额比重统计数据如图4-2。

　　法国图书销售网点比其他欧洲发达国家稠密，有各种书店2.5万多家，绝大多数是小型书店和图书代销点。图书统一定价制度有效地保护了中小书店，使得法国的各类图书销售渠道得到均衡发展和良性竞争。

　　在法国出版商的销售额中，大约有2/3来自零售（包括书店、超级市场、多媒体商店）。余下的1/3是通过直销方式获得的，其中包括上门销售、邮购和图书俱乐部等，如图4-3所示。一般地讲，每四笔买卖中就有一笔是在传统小书店或报刊亭里进行的，每五笔买卖中就有一笔是在大型连锁书店（例如福纳克或维京书店）里完成的，每六笔买卖中就有一笔是在大型超级市场里实现的。其他的销售渠道还有超级市场、百货商店和其他非专业零售店。这些不同类型的零售店加起来一共有6 000多家。

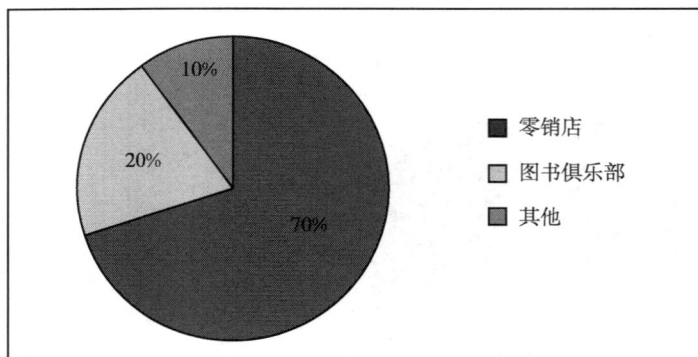

图4-3　各销售部门在法国图书销售额中所占的比重

福纳克连锁书店在全法国设有60多家分店，占有法国15％～16％的图书市场份额。其他独立书店通过向顾客提供良好的服务参与竞争，它们得益于法国的法律中关于图书定价方面的保护，价格浮动保持在5％以内。

2008年上半年，在金融危机的威胁下，"法国的出版物销售额出乎人们的意料，非但没有下降，而且还有所上升，比2007年同期增长15％"，更令许多国家望尘莫及。

法国人对图书的偏爱是法国能够坚持图书定价制度的强大精神和物质来源。在美国和英国的独立书店身处水深火热之时，法国的图书市场却这边风景独好。法国有2500家书店，每当有一家社区书店关门，差不多就会有一家新书店开业。从2003年到2011年，法国的图书销量增长了6.5％。

在法国，电子书仅占整个出版市场的1.8％，而在美国这个数字是6.4％。几个世纪以来，法国人对书有着特别的感情。2010年公布的一项法国民意调查显示：超过九成受访者正在使用最为传统的阅读方式，即捧读纸质书籍。在被问到将来愿不愿意尝试其他阅读方式时，11％的受访者表示今后愿意尝试通过电脑屏幕阅读；7％的受访者愿意尝试通过电子书阅读；另外还各有近2％的受访者表示愿意通过手机阅读和通过其他电子方式"听"书。受访者给出的理由是这些方式代表着阅读的未来发展方向，所以"应该紧跟时代"。但也有78％的受访者表示，因为"需要感觉到纸张的存在"，他们仍希望坚持传统的阅读方式。

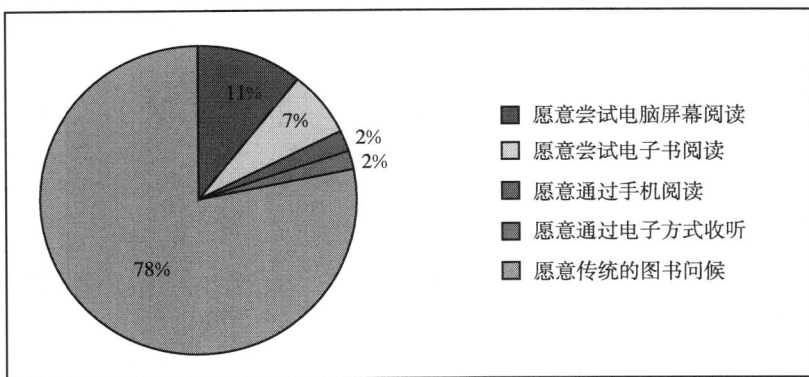

图4-4　法国民众愿意尝试的阅读方式调查

二、德国

(一) 德国图书定价制度的历史

德国是一个拥有深厚历史文化传统的国家，在哲学、音乐、文学等方面都取得过辉煌的成就。康德、黑格尔、马克思、尼采、海德格尔、巴赫、贝多芬、歌德、席勒等人都是享誉世界的文化巨匠。这对于德国文化的发展产生了深刻的影响。为此，德国人民把图书视为传达思想的工具，出版业在德国文化产业中占据重要地位。

15世纪中叶，德国人谷登堡发明铅活字印刷，掀起了一场出版业的革命，使德国很早就成为欧洲出版和印刷中心。德国由来已久的读书传统也推动了出版业的发展。

早在1888年，德意志历史最悠久的行业——书业，推出了该国出版史上第一个定价协议，德国开始通过书商组合实施图书定价制度，随后实施范围不断扩大。

20世纪，德国文化历经战争磨难和法西斯主义的摧残，一度在艰难曲折的道路上苦苦挣扎。"二战"之后，在满目疮痍的战争废墟上，伴随着大规模经济重建，德国文化又开始复兴。

20 世纪 50 年代，德国制定了《禁止垄断竞争法》，原则禁止维持转售价格行为，但 "出版物的定价销售制度不受反垄断相关法案的约束"。当时对图书特例的理由就是认同这样的制度对文化的贡献。通过图书的定价制，来维护文化的特殊性及出版社和零售商多样性。

20 世纪 60 年代，图书定价制演变成了 "集体合约保证书制度"：各家出版社与各中盘商、零售书店，自主签订限制书价的合同。此举使得同行间的价格差别不再巨大，不同书商的交易条件也极为类似，这种合同得到了政府和法律部门的认可。

从文化性、公共性的视角考虑，1973 年，德国在禁止限制竞争法中删除了关于商标品的适用除外，但仍然从文化政策的角度允许图书作为特例。1984 年，德国联邦议院各议会党团通过动议，确定出版物必须采用固定价格，坚持限制零售价。同时，联邦法院也于 1986 年做出决定，指出书籍的价格固定不违反宪法。

20 世纪 90 年代，柏林墙的拆除，则为统一后的德国文化发展提供了新的历史机遇，也为文化的产业化创造了更广阔的生存空间。

1999 年，欧盟委员会力图废除德国的价格固定协议，因为该协议是价格卡特尔的产物，违背了欧盟的反垄断法。然而，1997 年的《阿姆斯特丹条约》限制了欧盟强迫成员国使其传统贸易惯例符合欧盟跨国贸易法律的权力。为了制止欧盟委员会对价格固定协议的攻击，德国甚至威胁否决数额很小的欧盟文化预算方案。德国的图书业雇佣律师团游说布鲁塞尔的欧盟官员，最终，欧盟委员会的全体委员因受到质疑而辞职，此事不了了之。

在布鲁塞尔，为价格固定协议辩护的主要理由是德国书籍的文化相关性。一个多世纪以来，所谓的价格卡特尔并未妨碍竞争。德国每年有 9 万种新书问世，人均数量为美国的 4 倍之多。2010 年出版的新书中有 11 349 种是翻译的书籍，包括 6 993 种英文书。而且，德国的平均书价在欧洲可能是除爱尔兰和芬兰之外最低的。这个为人所不齿的 "卡特尔" 似乎有利于读者、出版社、书店和作者，对那些销量难以达到 3 000 本的作者来说更是如此。这种协议的文化优势也很明显。无论是斯蒂芬·金还是君特·格拉斯的畅销书，都按照同一价格售卖，确保了独立书店的生存。稳定的利润率使书店可以存储一些销量不大但品质极高的书。书店存书还可以在 3 年内免交 90％ 的收入税。如果没有这种税收优惠，2/3 的德国独立书店将在一年内消失。

整个 20 世纪，德国定价制从产生到结盟，经历了一百多年的分分合合，一直在行业间求生存。直到 2002 年，定价制在德国已经跨越了 3 个世纪，终于进入了法律条款，德国文化部提交的《关于确定出版物价格规则的法律（草案）》终获通过，以《限定图书价格法》的正式名称，于 2002 年 10 月 1 日开始实施，这项法规影响着德国整个图书贸易体系以及图书贸易 3 个阶段——图书出版贸易、书业中转贸易和终端贸易的协调合作。它规定卖方只能按出版社规定的零售价格将图书、乐谱、地图等出售给终端客户。该法规的颁布生效，进一步明确了图书的定价制特征。为了保护出版物的文化财富和文化载体作用，该法律规定，出版社有 100％ 的权力为自己的书定价，书店严禁打折；再版提价时，出版社还须事先公示；出版 18 个月之后，出版社若发现某书的销量不理想，可提出放弃原定价，由经销商自主销售，但这种情况很少出现。当然，这个固定价格体系仅适用于德国图书，进口书则不受限制。此外，该法的适用范围仅限于图书、乐谱、地图以及三者的复合物，而报纸、杂志则不在该法的保护与约束范围，仍按以前《集体合约保证书制度》的定价体系运作。

（二）德国图书定价制度的发展

德国坚持图书定价制的过程中，保持着很高的灵活性。他们一方面以完善图书服务为主谋求书店服务的最大化效率；另一方面最大限度地在现有框架内引入自由竞争原理，体现了灵活性与服务性的统一。具体体现在以下几个方面：①书店服务方面，灵活运用图书定价制的优势，既陈列畅销书，也陈列周转比较慢的书。一般慢销书的比例达到全部书籍的 30％，同时，德国书店普遍采用了计算机联机检索系统，做好书目查询和缺书登记工作。②在定价制的时限方面，当一个书籍由其他出版社再版时，实施自由定价。③出版社形成改定价格和降价的完整体系。出版社定价并不意味着一价定终身。一般来说，新书在出版18个月后才允许打折销售。但作为促销的一部分，出版社可以对慢销书实施降价。即出版社可以根据实际销售情况调整定价。书籍的价格通常不印制在书上，需要变更价格时，在图书销售协会的定期刊物黄页上发布3周后就有效。另外，预约订书可以最大享受八折的优惠，教科书等大量购买、图书馆购买都可以享受批量购买的优惠。同时，德国还存在一些不签订定价契约的小型出版社。

价格固定法于2006年得到修订，范围涉及各类销售渠道，包括亚马逊之类的网上书店和电子书。该法产生的一个后果是网上二手书市场的繁荣，现在的规模约为10万册。这一市场的繁荣清楚地表明，自价格固定法通过之后，德国的再版书生意急剧下滑。20世纪80年代，德国再版书占精装书销量的30%，而如今这一比例已降至5%。此外，不按价格固定法从德国向邻国出口，以便重新进口后按低价出售的行为也是违法的。

价格固定法在第一句话中进行了如下表述：此项法规用以保护图书这一文化财富。为此，德国政府还专门制定了图书出版业增值税减半的政策。德国一般商品要征收14%的增值税，但图书、报纸、杂志都只征收7%的增值税。为鼓励图书出口贸易，德国政府还对出口图书、期刊一律免征增值税。德国的图书价格约定制度则保护了中小出版社的利益，避免了无序竞争和市场垄断，使出版品种保持多样化。另外，政府还专门设立"印刷补贴"基金，资助学术著作的出版。

据了解，目前，德国在图书定价制度的实施中陷入了挣扎，其原因何在呢？熟悉地理的人都知道，德语是欧洲作为官方语言最流行的语种之一。除了德意志联邦，奥地利、瑞士、卢森堡、列支敦士登每年都发行大量的德语出版物和邮票；再加上奥、瑞两国综合实力不弱，因此，德国书业面临的竞争也非其他大国能比。换句话说，即便法国、西班牙等国同样采用定价制，他们在欧洲遭遇的低价、打折挑战也没有德国的情况严重。2007年初，瑞士联邦竞争委员会废除了图书定价制体系，开始以折扣价销售图书，遭到德国、奥地利甚至本国书商的诟病。然而，瑞士政府仍坚持已见，导致大量廉价德语图书流入德国国内，严重冲击了德意志图书市场。

长期以来，德国书业也尝试用书友会、网络等打折服务手段来销售廉价图书，尝试突破《限定图书价格法》的束缚，但效果并不明显。我们通过观察欧洲近十年来的多次法案调整也能看出，图书定价在当前的市场环境下，处于一种自我矛盾的状态，即固定价格有利于书商的多极化发展，但不利于全球化市场流动；不固定价格虽符合反垄断精神，但同时扼杀了中小型出版社和零售商。所以，各国要根据自身书业的实际情况来决定是否采用图书定价制。

不容忽视的是，在电子商务技术迅猛发展的今天，图书定价制有可能会影响到新图书形式的应用。我们观察到，定价制在维护了原有意义图书市场的多样性的同时，德国的电子图书发展速度远远慢于其他国家。

（三）德国图书定价制度的影响

德国出版业的繁荣与图书销售市场息息相关，图书定价制度有效地保护了德国零售书店的持续经营。德国有零售书商 7 000 多家，加上难以计数的报刊亭、超市、加油站等零售点，在一个 8 200 万人口、35 万平方公里的国家里，组成了密集的销售网络，1 万人口以上的城市就有一家正规的书店。大型连锁店已成规模，并有不断扩大之势。

据 2010 年有关数据统计，在德国，零售店的销售额占图书销售的 71％；图书俱乐部、通信销售、直销占 23％；因特网销售占 6％，如图 4-5 所示。

德国古登堡大学书刊研究所的研究员多米尼克·普雷姆林表示："德国人对图书有一种天然的感情，德国是印刷机的诞生地，这里的出版商以能生产出顶级质量的图书而自豪。"因此，德国人支持图书定价制度是对出版业秩序的有力支撑。

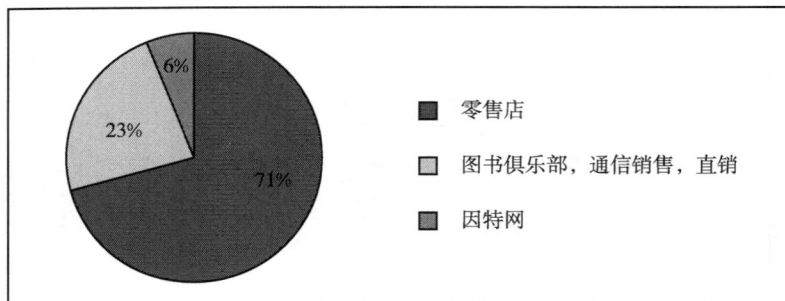

图 4-5　各销售部门在德国图书销售额中所占比重

　　调查显示，在 14 岁以上的德国人中，69％每周至少看书一次；36％以上的人认为自己"经常"看书；22％的人看"很多"书；16％的人则有每日阅读的习惯，属阅读频繁者。调查表明，1998 年一般的四口之家一个月的收入近 5 460 马克，购买印刷品的支出是 67 马克，其中 29 马克用于购买书籍（学校教科书多由政府负担，不并入计算）。

　　从整个国家出版产业的发展来看，特别是当金融危机来袭时，实行图书定价制的国家似乎更抗压。据德国图书业者协会和出版行业杂志统计，2009 年上半年德国的图书销售额比 2008 年上半年增长 2.2％。而废除图书定价协议的英国，据尼尔森图书跟踪公司对英国消费者市场的监测数据显示，2009 年全年英国图书销售数量比 2008 年下滑 0.5％，销售收入下滑 1.2％。

三、西班牙

　　西班牙政府于 1975 年就将其图书定价制列入专项法律条文之中，并在 4 年后将其纳入《新宪法》（1978 年底颁布），这使得西班牙成为世界上最早将定价制立法的国家之一。

　　在了解西班牙图书定价制之前，我们先回顾一下该国在 20 世纪 70 年代的历史。1975 年，独裁统治结束，西班牙开始全面进入现代化。书业作为"白色恐怖时代"极为禁忌而敏感的行业，走在了改革的最前沿。

　　进入 20 世纪 90 年代以来，随着贸易自由化的日益发展，西班牙感到了定价制束缚下的巨大压力。西班牙政府做出了一系列决策，对图书定价制的法律修修补补。他们认为：如果一成不变的定价制不利于图书销售，那么就允许一部分图书打折，但原则上不能对原有法令"伤筋动骨"。

于是，西班牙规定，"图书日、图书节、图书会议和图书展览期间，允许打折10％……若最终消费者是图书馆、档案馆、博物馆、教育中心等机构，并且用途是以科研为目的，最大打折力度为15％"；2000年6月，又规定学校的课本和学生所需的辅助学习材料都可以申请自由打折，此举在获得家长们掌声的同时，自然也招来了书商的抗议。那么定价制究竟该如何处置呢？

2005年西班牙文化部的调查显示，该年度的平均书价为12.16欧元，其中自然科学、社会科学、实用书、字典和漫画的价格高于均值，而文学、儿童读物、课本（非大学用）的平均售价则不到12.16欧元。这样低廉的价格让美洲的西语图书很难像瑞士影响德国那样去冲击西班牙本土市场。另外，西班牙网上书店的普及率和使用率相对较低，实体书店和报亭的销售占有率非常高，这使西班牙拥有良好的内部图书市场和竞争机制，定价制的生存空间相对健康。

因此，西班牙下决心再次更改法律，坚定地走固定图书价格之路。跟法国、瑞士等国施行、取消、再施行、再考虑取消定价制的行为截然不同，西班牙从动摇期开始就只是允许"一部分"图书自由打折，而从未从根本上废止过这条经典的行业规矩，这使如今的西班牙图书定价制真正地实现了从感性到理性的转变。

第四节　瑞士图书定价制度

瑞士的图书市场由德语（58％）、法语（22％）、英语（11％）和意大利语（3％）市场四个部分组成，其图书定价制体系也各有不同，大多与相关的邻国有紧密的联系。在瑞士，对于图书定价制的争论由来已久，但近40年的争论并未形成实质性的法律条文。其中法语区图书市场从未实行过真正意义上的图书定价制，而于 1993 年在德语区图书市场推行的定价制协议又于 1999 年废除。之后又不断涌现行业内的各种相关价格协议，但最终瑞士自由竞争委员会于 2007 年 5 月宣布这些协议不合法，并取消了图书定价协议。

由于德国和法国一直是图书定价制体系的支持者，因此，瑞士与这两个邻国间的图书贸易也是摩擦不断。瑞士零售商将从德国进口的德语图书返销到德国，对德国图书市场造成了不小的冲击。法国也同样受到了瑞士法语图书返销的冲击。对此，法国出版社向瑞士书商提高了批发进价，使这种返销图书无利可图。

另外，法国大型连锁书店进驻瑞士图书市场后，逃脱了《雅克·朗法》的制约，可以将图书打折销售。同时，这些连锁书店还拥有优惠的进货折扣，这使得瑞士图书零售市场上的价格战日益白热化，并使众多独立书店相继关闭或被收购。

由于图书定价协议的废除而带来的市场混乱状况，以及对文化衰退现象的担心，瑞士恢复图书定价制的呼声日益高涨。今年 10 月，瑞士国家经济咨询委员会以 13 票同意，10 票反对和 1 票弃权的投票结果通过了图书定价制法律预案。根据该项预案，图书定价制适用于全国范围内的图书，不包括报纸和期刊；图书价格由出版商以及进口商拟定（瑞士 80％的图书来自国外）；图书在出版后的 18 个月内不允许随意打折，零售商有在建议零售价 5％以内的折扣活动范围。此次通过的图书定价制法律预案并不涉及网络图书的定价，并于 2010 年下半年生效，在此之前，各方可提出不同意见，对于图书定价制的争论还将继续。

第五节　墨西哥图书定价制度

墨西哥是拉丁美洲最重要的国家之一，人口超过 1 亿，绝大多数居民讲西班牙语。20 世纪初期，该国没有真正的出版社，直到 90 年代后期，发展到拥有 970 多家出版社，其中十几家规模较大。

事实上，在 20 世纪 50 年代，墨西哥的图书销售也是采用定价制的，但仅仅是一种行业规范而非法律条款。由于当时墨西哥还没有很健全的出版行业机制，很多书店堆积的大量滞销书无法得到妥善解决；再后来，来自西班牙的图书以"倾销"的方式涌入国内，几乎冲垮了墨西哥出版业。于是，定价制并没有形成体系，而且没维持多久就消亡了。

根据联合国教科文组织（UNESCO）的统计，墨西哥在一份由 108 个国家和地区参与的"阅读行为报告"中名列倒数第二位，平均每年每人阅读不到 3 本书。另一方面，墨西哥全国有 94％的城市竟然没有一家书店，而所有书店的 40％则全部集中在首都墨西哥城。这些数字说明：墨西哥的出版业长期处于萎缩状态，亟待政府出台一系列有利于刺激市场积极性的法令。

近年来，墨西哥一直在争论是否施行图书定价制的问题。2006 年 4 月，墨西哥众议院通过了《图书固定价格法》草案，但最终被当时的总统福克斯否决，理由是该法案限制了自由竞争。支持者则认为，由于无法与书价低廉的大型连锁店抗衡，成千上万的小书店不断倒闭，某种程度上也影响到了大书店在边远地区的发展——因为垄断书商发现自身已经难以承担到郊远山区的运费了；立法支持者还说，折扣破坏了墨西哥的出版市场，使得中小书商完全没有生存空间。应该仿效欧洲大多数国家的做法，统一图书定价，所有书店无论规模大小，平等参与竞争。直到 2007 年底的墨西哥瓜达拉哈拉国际书展闭幕式上，就任不久的新总统卡尔德隆明确表示，将全力支持图书定价制的出台。终于，在 2008 年 4 月，墨西哥参议院通过了《图书固定价格法》。该法规定，在图书出版的 3 年内，禁止以任何形式打折零售。

第六节　韩国图书定价制度

一、韩国图书定价制度的历史

1950 年以来，由于韩国出版行业一直没有建立图书的流通秩序，降价销售、图书定价制等问题陷入极度混乱的状态。因为"游戏规则"不统一，一方面是实体书店不断倒闭，另一方面是图书降价销售给出版物市场带来了极大的负面影响。1960 年初，出版行业、书店行业为了生存，为了确立流通秩序，不得不开展以要求实施图书定价销售制为目的的运动，但最后并没有达到预期的效果。1977 年 12 月 1 日，韩国开始实施有关图书销售的属于自主协定的"定价销售制"，混乱的流通局面得到了一定的改善。

书店行业因为附加税的免除、图书定价制的稳步实施，实体书店的数量不断增加，书店不断向大型化发展。在出版行业，图书出版的品种数飞速增加，到了 1986 年，打破了以往徘徊不前的状态，图书出版品种数超过两万种。而在此前的 1981 年，韩国开始实施《公平交易法》。该法对一般商品禁止"维持固定价格销售"，对图书却例外地允许"按定价销售"。

1990 年下半年，降价销售风行韩国，受到《公平交易法》保护的出版物市场也难逃其消极影响。再加上运输公司商店、仓库型批发店、廉价商店、批量贩售店等新兴业态的销售店进入出版物市场，图书的价格体系开始动摇了。90 年代初期，运输公司商店、仓库型批发店、廉价商店和批量贩售店，在销售全集书、畅销书时出现破坏价格的现象；90 年代后期，在销售学习参考书、辞典书时也出现破坏价格的情况，最后是所有出版物统统降价销售。之后，新兴的网络书店由于缺乏相关法律法规的约束，打折销售的幅度也同样非常大。由自主协定维持的定价销售制度，想要规范网络书店的降价行为非常困难。而 90 年代中后期的韩国公平交易委员会，也产生了废除图书定价制的主张。

鉴于这样的事态，"关于推进图书定价制法制化"的呼声日渐高涨。经过几番周折，在 2002 年 8 月，韩国公布实施了《出版及印刷振兴法》以下简称"旧法"，该法第 22 条第 2 项意味着把图书定价制以法律的形式固定下来。然而，由于立法的原则、适用范围、一贯性和现实性不明确，使得这部法律在实施过程中遇到了很多问题。

由于《出版及印刷振兴法》存在诸多不成熟之处，2005 年 4 月，韩国开始酝酿讨论对其进行修改。两年之后，《出版文化产业振兴法》（以下简称

"新法"）从"旧法"当中脱胎出来，并于 2007 年 6 月获得通过。至此，比较符合韩国国情的图书定价销售制度正式确立。

二、两部法律具体规定及修改

1. "旧法"的相关规定及存在的问题

（1）以定价制为对象的图书以及适用的时间。

根据"旧法"第 22 条第 2 项的规定，所有出版未满一年的出版物，都适用于定价制。关于图书定价制适用的图书范围，按照韩国的《公平交易法》第 29 条第 2 项的规定，经过韩国公平交易委员会与韩国文化观光部的协商，以下出版物，都在适用范围以内：

●2003 年 1 月 1 日至 2004 年 12 月 31 日出版的所有出版物；

●2005 年 1 月 1 日至 2006 年 12 月 31 日出版的除实用图书以外的所有出版物；

●2007 年 1 月 1 日以来出版的除实用图书、小学生用学习参考书以外的所有出版物。

按照"旧法"附则第 2 条的规定，图书定价制的适用时间是"从本法实施之日算起，5 年之内适用"。但在实际实施过程中，"旧法"存在着诸多的不彻底性。比如杂志，从一开始就作为适用除外的对象。定价制的适用对象，仅仅规定为从出版之日算起未满一年的图书。这样的规定，必然会引起图书销售行业内部的不满。韩国书店组合联合会指出，法律规定从本来意义上弱化了图书定价制，与其这样，不如全面实行图书定价制。

（2）现实书店销售与网络书店销售相比，定价制适用的原则有差别。

按照"旧法"第 22 条第 2 项及该法实施令第 12 条第 2 项的规定，作为图书定价制适用对象的出版物，在通过网络书店销售时，允许在定价 10％的范围内降价销售。

①所谓通过网络书店销售，就是指读者在网络书店从预订图书到获取图书到交付费用的全过程。

②一般（实体）书店另外开设联机（网络）书店销售时，仅限于在联机（网络）书店销售，允许在定价的10％以内降价销售。

③即使是出版未满一年的图书，在联机（网络）书店销售时，允许在定价的10％以内降价销售和无限制的销售让利——按照销售金额累积的降价制。

仅从字面上看，"旧法"把印刷产业和出版产业割裂开来，分别制定法律条文，这种考虑是欠妥的。同时，与这种不健全的图书定价销售制相呼应的还有韩国公平交易委员会的《赠送品告示》。《赠送品告示》规定："可以在销售价格的10％内打折，或者向读者赠送5000韩元的礼品。"这实际上意味着无限制打折销售，各销售商之间为了抢占市场不惜赔钱销售。凭借打折手段，大牌网络书店大面积扩大市场份额。相反，关门倒闭的中小型的实体书店纷纷面临经营困境。

所以，"旧法"一经颁布就受到来自各方的猛烈批判。"书联"及出版社列举了"旧法"的种种弊端，主张实行地地道道的的图书定价销售制。韩国官方在压力之下，决定对"旧法"进行修改。

2. "新法"所做出的一系列修正

相比较"旧法"，"新法"在以下几个方面做了一定改变。

（1）"新法"删除了"5年时限法"从2003年2月至2008年2月，这表明图书定价销售制今后还要继续维持。

（2）"新法"第22条规定："出版物销售者为了图书振兴和保护消费者利益，可以按照自己掌握的方法，在定价10％的范围内打折销售。"其中所说的"出版物"对象，是指"从发行之日计算未满18个月的出版物"。这对于缓解过度打折竞争、弥合网络书店与现实书店的差别有一定的作用。

（3）关于《赠送品告示》。"新法"在2007年6月通过的时候，无论是"新法"的"实施细则"还是《赠送品告示》的"实施细则"都没有明确赠送品的具体内容以及范围，这也给"新法"的实施带来了不安定因素。

三、韩国图书定价制度所面临的问题

修订"旧法"、制定"新法",突破了"5 年时限法"的限制,进一步赋予图书定价销售制以法律地位,保住了处在存亡危机中的图书定价销售制,意义非同小可。然而,从总体上看,"新法"没能很好地应对公平交易委员会的"自由市场竞争论",反而更深地卷入其中。

主要问题在于,修订"旧法"、制定"新法",没有把出版物不同于一般商品的固有的文化价值,也就是出版物具有的公共性贯穿到法律修订、制定的全过程。对于读者和社会而言,有关维持图书定价销售制和出版物的公共性的解释与劝导,也不具有更多的强制性。

就目前而言,韩国首尔经营实体书店的从业者认为,从表面上看,似乎是公平的;但从实际来看,大牌网络书店与中小书店之间的竞争基础依然存在差别。中小实体书店的经营依然困难不少。

第七节　日本图书定价制度

一、日本图书定价制度的历史

日本图书定价制度形成于 1912 年 2 月,最初主要用于杂志,由于这项制度的实施收到了良好的效果,同年 12 月,又被推广到书籍的流通和销售。日本图书定价制度按固定转售价格的方法实施,由出版者制定书籍的零售价格,并和经销商、零售商签订合同,维持此零售价格,不得变动。所谓不得变动,其实包含两层意义,一是不能低于该价格,以防止恶性的削价竞争;二是不得高于该价格,以防止消费者付出更高的成本。更简单地说,就是书籍不管何时何地,销售价格都是一致的。

第二次世界大战日本战败以后,美军对其实施占领,日本过去的法律制度都已不复存在,各项法律、制度在美国的直接干预下重新制定。为了从经

济基础上彻底消除日本再次发动侵略战争的可能，美国在日本实行经济民主化的占领政策。1947 年，在美军占领下颁布《独占禁止法》（日本反垄断法），禁止一切维持转售价格行为，出版物定价制度因此暂停。但是在 1953 年的反垄断法律修改中，承认了图书作为该法律限制维持转售价格行为的适用除外，而允许定价制的实施。

1978 年 10 月，公平交易委员会对出版物定价制提出质疑，要求废止该制度，顿时出版界一片哗然，迅速联合起来举行一系列反对活动。最终双方互让，1980 年出版界提出更具弹性的"新维持转售价格制度"。新文件规定：①出版社有义务在出版物上明码标价；②允许个别出版社根据自身需要实行部分定价制；③对于出版超过一段时间的出版物，允许作为非定价制产品出售。

1991 年，日美贸易谈判中，美方要求日本废止出版物维持转售价格制度。公平交易委员会提出了出版物定价制度修改方案。由于美国的主要目标是音像制品，因此，图书、杂志、报纸的定价制度得以保留。1992 年，音像制品开始实施时限定价制：在两年内按照定价制商品销售，两年后不再受定价制度约束。

随后的十年间，公平交易委员会，以及出版界各行业委员会定期举行研讨会，针对出版物定价制度进行了一系列实证调查，并多次沟通各方意见。讨论的目标是维护消费者的根本利益。公平交易委员会最终决定，在充分调研的基础上，将决定出版物定价制度存亡的决定留到 2001 年。

2001 年 3 月，公平交易委员会发表《重审著作物定价制度》文件，认为从竞争政策的角度而言定价制度虽应废止，但就目前的市场状况暂时保留。

此后，在公平交易委员会与出版行业协会之间就出版物定价制度实施的细节（如会员积分等）进行了多次沟通。2004 年，日本书店商业组合联合会改变抵制积分返利的态度，同意实施会员积分的优惠方式。

经过半个世纪的改革发展，目前日本的图书、杂志大部分实行定价制度，但具有一定的灵活性，如定期举行可供折扣的图书的展销会，杂志施行时限定价，为杂志订阅读者提供特别优惠，为会员读者提供积分返利，等等。

报纸施行全国统一的定价。音像制品施行时限定价制（6 个月为限）和部分定价制相结合的方式。

二、日本图书定价制度的发展

日本的图书定价制的发展过程中，体现了相关各方的实力博弈。尤其是1997 年以后，日本出版物销售额出现持续下滑的状况（如图4－6），各方对图书定价制度的争论变得异常激烈。

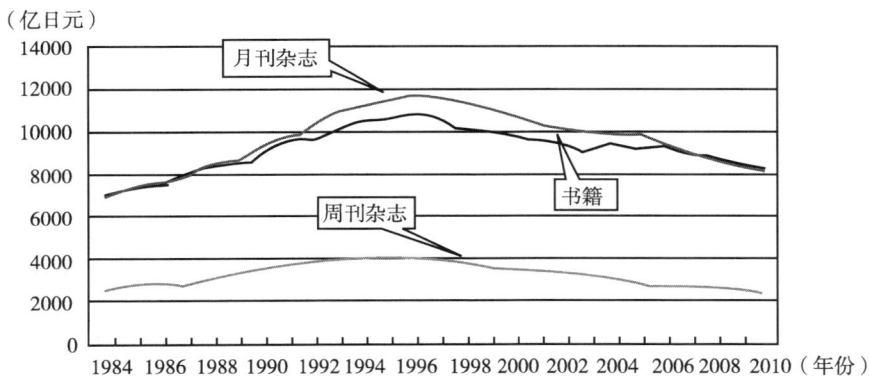

图4-6　日本出版物销售额（1984 年～2010 年）

在各方博弈中，历来消费者是反对维持转售价格的重要力量。公平交易委员会2001 年对 64 个消费者团体进行访谈中，关于著作物定价制的态度，大部分消费者认为应该废除。他们认为这一制度阻碍了消费者对更低价零售店的选择，应该予以废除。而对著作权团体听取意见的结果，所有的团体都认为应该维持著作物的维持转售价格制度。虽然意见相左，但在决策过程中，图书业界显示出更强大的力量。为了谋求定价制的继续实施，业界和一些赞成定价制的超党派议员结成"活字文化议员恳谈会"在国会中施加影响。作为全国性书店的集团性组织，日本书店组合联合会通过地方支部，展开了谋求定价制维持的 100 万人大签名并通过议员向国会提出。作为 2001 年公平交易委员会关于暂且维持图书定价制的最终报告《关于著作物的维持转售价格制度》的重要依据是一项调查结果。调查显示，赞成保留图书和杂志定价制的比例高达99.55％。很多日本学者对此的评价是"相对于一般消费者的声音，更多的反映是业界意愿"。

三、日本图书定价制度的影响

日本图书定价制度施行多年以来，为出版业维持良好的秩序做出了积极的贡献，主要有以下几方面：

（1）维持创作活动的多样性。通过定价制的实施，可以用畅销书的收益去弥补无法热卖的书的亏损，达到内部平衡的作用，进而促进图书作者的创作热情。

（2）图书出版产品丰富，为国民提供丰富和平等的读书机会，实现提高文化水平的目的。通过定价制而避免过度折扣，可以改善中小书店的生存状况、促使书店不仅是以盈利为目的。保证即使在偏远的地区，也能够向读者展示更多、更好的图书，为他们提供平等的读书机会。

（3）避免了图书销售市场的恶性竞争。图书定价制度的实施，避免了图书业因追逐利益而低价销售恶性竞争的状况，一定程度上稳定了图书市场的竞争秩序。

然而，长期以来固定的图书定价制度也给日本出版业带来一系列问题，主要有以下几方面：

（1）出版界长时间实施定价制度，助长了价格制定僵硬、流通系统固定化等弊端，产生不符合效率原则的交易习惯。例如，书店因为没有滞销压力，而大量购进书籍杂志，随后又大量退书，即使经过再发书，仍存在相当高的废弃率，造成资源浪费。

（2）从日本的现状来看，现在已经不是城乡供给成本会有显著差异的时代了，价格差距是否会大到妨碍文化的公平消费，不无疑问。

（3）因为制度的规定，就将其他地区的成本，强制转嫁到原本可以以低成本获得出版物的消费者身上的做法，值得商榷。

第八节　对两种价格管理制度的正反面认知

纵观各国情况，可以发现，实际上并不存在一个完美的图书定价制度，因为市场经济的基础是自由选择。因此，作为市场主体的出版社和发行商及书店本应有权利进行自主的选择，以激发他们的活力，促进图书市场的繁荣。但由于图书的特殊性，频繁的打折、降价的确有可能增加交易成本，损害书店的生存空间，影响出版者的创作热情，尤其是非畅销书类的艺术、哲学和专业书的创作。因此，在这种权衡中，需要相应决策机构在严密观察基础上的正确判断。事实上，这一判断不是一蹴而就的，既需要来自相关各方的信息作为判断的基础，又必须去除信息中作为利益既得者的主观判断。

从各国图书价格管理实践看，图书固定价格制度的核心理念在于确定了图书的社会属性，而不只是一种商品，对社会来说，图书是一种文化财产，对于文化发展是一种必需品。由国际实践来看，图书固定价格制度在保护文化多样性，保证学术专著等非畅销书的出版，保护中小书店免于市场价格竞争得以持续健康发展，防止图书市场的恶性折扣等方面发挥着重要作用。固定价格制度在保证了小众图书作者的图书出版的同时，也保护了读者汲取更多文化财富的需求。德国之所以一直坚持图书定价制度在于德国人民把图书视为传达思想的工具，通过图书的定价制，来维护文化的特殊性及出版社和零售商多样性。法国坚持图书定价制的目的就是为了保护文化产业的多样性，保护中小书店得以生存。而且，德国、法国的图书定价制度确实在其国家的出版业发展和文化保护方面起到了积极的作用。但是，固定价格制度确实在一定程度上限制了自由竞争，造成书价偏高、退货率居高不下等负面影响。从长期发展来看，固定价格制度可以建立一个稳定健全的图书销售市场，但从短期来看，在刚开始实施固定价格时会造成图书的销售量下滑，如果从长远的图书市场发展战略经营目标看，图书固定价格制度对于图书市场的正面影响应该是大于负面的。

　　而自由价格体系则充分鼓励市场竞争，尤其使得出版业得以快速发展，在数字环境下使得电子书发展迅速。

　　通过分析比较可以看到，各国国情不同，尽管相同的图书价格管理制度的结果也不同，很难有现成的模式可供照搬。可以肯定的是，无论什么样形式的图书销售价格模式，只有兼顾了图书的双重属性，才能更好地发挥市场对于弘扬民族文化的促进作用。那些实施图书定价制比较成功的国家，一定是灵活运用了市场原理，在一定的范围内，最大限度地发挥价格的调节作用。而没有实施定价制的国家，也可以通过其他方式完善图书市场的运转。比如瑞典取消定价制后，为了维持图书多样性，采取了一系列政府的扶持措施。

第五章　出版业发达国家电子书的价格管理

电子书（E-book），英文全称是 Electronic book。戈特奈集团（Gartner Group）认为，电子书是 1999 年出现的十大技术之一。1999 年度的法兰克福书展提出的主题是"数字时代的网络出版"，就是将数字化的作品在网上发表和销售。

电子书打破了传统图书内容的线性顺序，向读者提供的是一种动态的立体信息组合，并可通过超链接加入相关的各种知识和信息，因此电子书的信息量可以是传统图书的数百倍。电子书还结合了 PDA 的轻便性，提供更好的屏幕分辨率以及更多的书籍格式支持，采用了先进技术来改善电子信息显示的质量。电子书正改写着传统的图书和出版的概念，其优势是显而易见的。

尽管传统图书的固定价格制度有着悠久的历史，但在迅速崛起的电子书定价过程中还少有尝试和实践，关于电子书的定价模式和定价基础，出版业发达的国际和国际领先的出版集团仍在探索和实践中。

第一节　美国电子书定价

美国是世界电子书最为发达的市场，美国书业研究组织（BISG）与美国出版商协会联合开展的"图书业数据统计"、与鲍克市场研究公司联合开展的"读者对电子书阅读和消费态度调查"为业界了解美国电子书市场打开了一扇窗：前者的数据显示，2009 年 11 月至 2012 年 5 月，美国电子书的消费群体从 4% 增长到 24%；而后者的数据显示，成人虚构类的图书中，电子介质产品的销售数量已超过其他任何材质的产品，如精装本和平装本。从美国电子书市场的定价规则看，美国电子书市场主要采取电子图书"代理制"和电子图书"批发制"进行电子图书销售活动。

信奉自由和竞争的美国出版业坚持图书自由定价制度，反对任何形式的图书固定价格制度，最初的电子书市场也不例外，采用"批发制"。电子书"批发制"是以电商—经销商为主导的电子书定价形式，经销商从出版社购入电子书，自行决定电子书的零售价格，不受出版社限制。2007 年 11 月 19 日，亚马逊推出了"火种"（Kindle）阅读器，为了促进阅读器的销售量以及抢占电子书市场，亚马逊提出，可以按纸质图书的进货价格购买电子书。例如，一本定价 26 美元的小说，亚马逊对折购进电子版，付给出版社 13 美元，但是，作为零售店的亚马逊可以自行决定最后的零售价格。出版社视电子书为一个新的销售渠道、新的收入来源，于是纷纷上钩，努力扫描，到了 2008 年，阿歇特就有 1 000 种电子书，企鹅有近 3 000 种电子书，哈珀·柯林斯和西蒙与舒斯特各有 4 000 种，兰登书屋有 6 800 种。

亚马逊大量从出版社手中购入电子书的同时，开始将畅销书打折到 9.99 美元，以一本进价 13 美元的电子书而言，亚马逊每卖一本，即亏 3 美元。亚马逊在电子书方面的亏损可以通过网站其他产品的盈利进行反哺，但是对于出版社而言，亚马逊 9.99 美元的电子书定价制度一旦长久，读者养成了"电子书＝9.99 美元"的习惯，电子书市场将会被亚马逊控制，随即而来的是亚马逊决定电子书的售价，将会损害出版社的长远利益。

面对亚马逊的销售策略的威胁，美国电子书市场上催生出另一种电子书定价制度——电子书"代理制"（agency model）。2010 年 4 月 1 日，美国大众图书出版业中规模最大的 6 家大型出版集团中的 5 家（哈伯·柯林斯 Harper Collins、阿歇特 Hachette、麦克米伦 Macmillan、培生 Penguin 和西蒙与舒斯特 Simon & Schuster）联合推动了"电子书代理制"，兰登书屋（Random House）也于 2011 年 3 月 1 日宣布加入。

这 6 家出版集团与苹果公司签订的"电子书代理制"模式又称为电子商

务的"平台模式"，即出版社制定电子书的零售价格，电子书零售商按此价格销售电子书，零售商不得加价或降价销售，零售商每销售一本电子图书，可以从出版社方面获得一定额度的佣金。在整个销售活动中，经销商仅充当销售平台的角色，代理销售出版社提供的产品，没有图书定价的权利。这与传统图书的固定价格制度内容基本相同，被视为是电子书领域固定价格制度的首次实践，是以纸质书经营为主的传统出版社在电子书产业中唯一产生了普遍行业影响的主动行为。

目前，美国6家大众图书出版集团与苹果公司的销售平台合作推行电子图书"代理制"，规定电子书的定价在12.99美元和14.99美元这两个价位，零售店必须按出版社的定价销售电子书，不可降价。出版社按定价的30％支付零售店佣金。美国的纸质精装本图书定价在24～28美元，将电子书定价在12.99美元和14.99美元，大约是纸质精装本定价的60％。然而，电子图书"代理制"只是上述六大出版集团推行的模式，美国其他出版社并没有采用这个模式。

由于这种代理制违背了美国的自由竞争精神，遇到了各种批评和指责，并引起了美国司法部的诉讼。政府指控称，苹果公司和图书出版商采用了所谓"代理模式"的销售策略，从而减少了电子书行业的竞争，在推高书价的同时损害了消费者的利益。

这宗诉讼案件不仅将代理模式推向公众焦点，更是展开了出版界对电子书市场固定价格制度合理性的评价，以及对自由定价的反思。代理制要求电子书零售商按照出版社制定的价格销售电子书，不得有任何形式的折扣和优惠。在这个制度安排中，电子书零售商只是销售渠道，消费者通过这个渠道将资金传递给出版社，而出版社通过这个渠道把电子书提供给消费者。作为渠道，电子书零售商获得一定比例的委托使用费用（六大集团给苹果公司30％的委托费用）。而在电子书的"批发模式"中，电子书零售商可以采取"高定价"的方式，也可以采取"低定价"的方式，出版社无法控制，正因为亚马逊的销售策略让六大出版集团为了避免电子书市场尽失的局面，才提出代理制以赢得部分市场，这也正体现了固定价格制度在面对无限竞争的市场造成的种种弊端所起到的重要作用，又引起了固定价格制度和自由价格制度的优劣之争。

第二节　法国电子书固定价格制

时至今日，法国出版业仍然实行着图书统一定价制度，目的就是为了保护文化产业的多样性。法国的图书定价制度同样影响着法国对于电子书的定价态度。2010 年 11 月，法国参议院通过了"电子书统一定价"的提案，允许出版社将电子书按照统一固定价格进行销售，以保护小型书商和出版商不受亚马逊、苹果、谷歌等巨头的冲击。同时，这项法律还规定，一本电子书在刚推出之时，图书馆不可以提供该电子书的借阅服务。这项法律也适用于在法国营业的海外书店，因此，亚马逊等将无法以半价出售法国出版的电子书。

法国的该项法案同样保证了法国电子书市场的有序状态，也是继美国六大出版集团对亚马逊低价销售电子书后推出"代理制"的又一有力举措，不仅使法国出版的电子书免于低于成本价销售，而且为电子书定价制国家层面的立法奠定了基础。然而，法国出版网站 Actualitté 将这项提案称为"灾难"，因为其认为这种保护主义打击了读者对电子书的热情，阻碍了其市场发展；并且该提案规定图书馆不能提供最新推出的电子书。

第三节　日本电子书定价

近年来，日本出版市场一直处于持续萎缩的状态。根据赢船公司公布的一份关于日本出版市场发展的报告看，2003 年以来，日本出版产业仅 2005 年出现了 0.7％的盈利，其余年份均出现了不同程度的负增长（见图 5-1）。

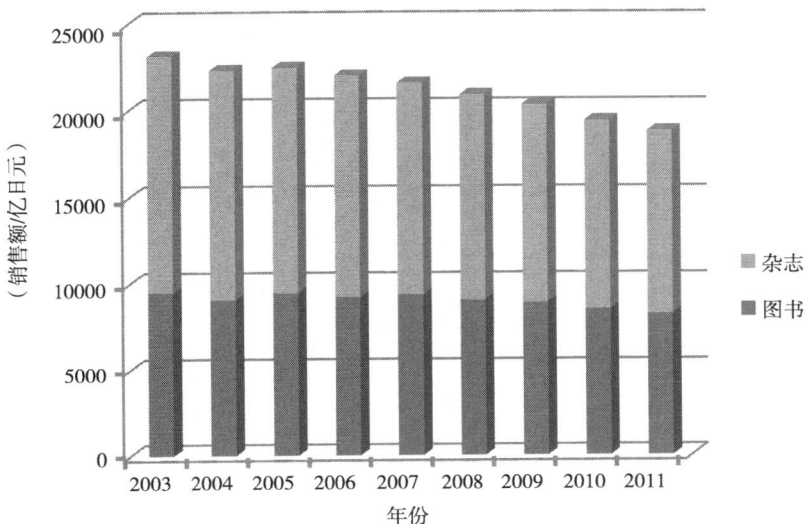

图5-1　2003～2011年日本杂志和图书出版市场发展情况

　　但是，在萧条的日本出版市场中，却出现了日本电子书市场规模不断扩大的亮点。自2003年起，赢船公司就开始对日本电子书市场进行逐年调查和统计。2003～2007年，日本电子书市场规模迅速扩大，销售额也连年猛增，年均增长率超过了100％，合计增长了约20倍。2003年日本电子书市场的销售额还只有18亿日元，2004年增加为45亿日元，增幅高达150％；2005年跃增为94亿日元，又比上年翻了一番还多；2006年达182亿日元，比上年增长近1倍；2007年销售额增加到355亿日元，比上年增长95％。2008～2010年，日本电子书市场增势变缓：2008年日本电子书的销售额为464亿日元，比2007年增长31％；2009年为574亿日元，比上年增长24％；2010年为650亿日元，比上年增长13％（见图5-2）。

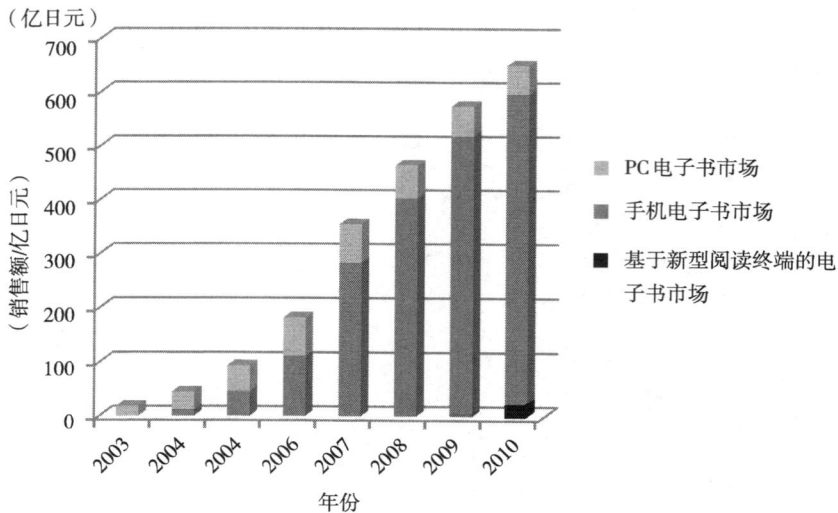

图5-2 2003～2010年日本电子书市场发展情况

日本电子书一直以来按照固定转售价格实施电子书销售，这个源于20世纪初形成的图书定价制度，该制度经过了"二战"后近半个世纪的发展，对日本图书产业的发展起到了关键作用。

2010年，日本出版商成立了两个行业组织，年初成立的电子图书出版商协会（EBPAJ），有43个成员出版商，旨在保护作者的利益和提升"印刷电子书之间的共存和互连"；2011年9月，出版商宣布设置数字出版局（DPA），它比EBPAJ职权范围更广泛，DPA的六项目标之一是，确保整个出版业现在和未来的盈利能力，随着EBPAJ和DPA开始在印刷和数字出版上获利，多数会员出版商愿意谨慎扩大数字活动。

2012年10月，亚马逊与日本本地出版商历经几年的谈判后，终于进入了日本电子书市场。亚马逊在日本发布了Kindle电子书阅读器和Kindle Store商店，但是从电子书价格来看，日本的出版商在书籍售价上采用了严格的管制，亚马逊被迫放弃了它在美国和欧洲市场所用的定价战略，与日本本地的其他电子书平台一样，它们的定价战略都是由出版商控制的。

第四节　德国电子书定价

德国是世界三大图书市场之一，德意志民族是一个热爱阅读的民族。德国人高涨的读书热情孕育出实力雄厚的德国出版行业，出版制度的保障和出版机制的发展为德国出版业注入了源源不断的活力。

目前，德国出版业的管理体制主要由联邦政府和联邦法律、州政府和州法律、行业协会组成。联邦政府对出版业的鼓励性政策主要有图书定价销售、增值税减半、对学术著作的出版印刷补贴。图书定价销售要求统一零售书价，以保护书店尤其是小书店的利益。

在实行图书定价制的德国，电子书的售价必须与纸本书相同，无论是在哪一个平台上。而且下载一部电子书的成本要高于英美国家：消费者不仅需要购买一部阅读器，电子书的售价也与精装本新书的价格相同。只有当精装本上市两年后平装本问世时，电子书的价格才会下调。

德国的电子书与纸本书同价销售，保证了一个相对宽松的市场环境。同时，德国政府设立 Theseus 基金，启动有"世纪工程"之称的德国数字图书馆（DDB）项目，来切实保护文化遗产不被亚马逊、谷歌等商家垄断。

但是，目前德国电子书市场的许多潜力还没有充分发挥出来，2011 年德国电子书仅占国内图书市场 1％（不含专业书和课本）的份额，德国电子书市场发展较为缓慢。根据一项德国国内的客户调查显示，德国读者仍然十分重视阅读的感官体验，即印刷书籍带来的触觉和视觉感受。数字阅读在需要获取信息以及教育和培训领域被广泛接受：60％的专业信息通过数字化形式获取。但基于娱乐的阅读仍然局限于印刷图书。另一个限制顾客消费电子书的原因是美国和德国图书贸易结构不同。德国境内拥有 4 000 多家实体书店的密集网络，分布在大城市以及小型和中型城镇。这些书店邀请市民进来浏览图书，书店缺货的图书皆能在 12 小时内向该书的图书批发商订货。德国读者和图书购买者已经习惯了这种极好的购书体验。

第五节　电子书固定价格制度的利弊分析

如上所述，亚马逊的超低价格销售电子书可能直接导致电子书市场的垄断，出版社的利润持续走低，实力较差的出版社或图书经销商破产，严重影响出版业的正常发展，阻碍图书出版的多样性。而六大出版集团的代理制直击亚马逊的批发制，确保了图书出版集团和电子书零售商的盈利，也保证了电子书的品种多样性，但也间接推高了电子书的价格。这正体现了图书自由定价和固定价格制度的优劣。

虽然固定价格制度表面上提高了电子书的价格，但它使电子书的发展处在长期有序的状态下，避免了自由定价造成的价格乱象，出版社和网络零售商的恶性竞争，保证了出版社、作者和零售商的经济利益。对电子书固定价格持反对意见的人认为，固定价格损害了消费者的权益和社会利益，诚然，消费者为固定价格制度造成的电子书价格上涨要支付一定比例的价款，但图书消费者的利益并不单纯地体现在图书支出价格的多少上，而是在于图书传达给他们多少社会、科学等信息，信息量的多少以及信息所承载的内容质量高低才真正影响着消费者的利益以及社会利益，通过固定价格体系保障作者和出版社的热情，使更好的图书能够面向读者才真正保证了读者的利益。

第六章　我国图书价格管理制度的变迁及图书出版业的发展与现状

第一节　我国图书价格制度的历史演变

造纸术和印刷术都是我国古代的四大发明，这两项发明都是出版业的基础。和西方国家相比，中国的图书文化更为久远，我国图书的售卖与发行的历史，也可以追溯到两千多年以前的汉代，西汉时期的书肆与槐市都是专门售卖图书的地方。两汉之后，经过晋、南北朝、隋、唐、五代、宋、元等朝代的发展，我国古代的图书发行行业也在明清时期达到了繁荣的高峰，当时售卖图书的各类店铺商贩几乎遍及全国所有的城镇。

我国古代图书的定价已形成自己的一套特定规律，影响定价的因素大致有以下几项：一是物质工本上的因素，如雕刻、手抄、用纸等；二是形式上的因素，如精粗、美恶、工拙等；三是内容上的因素，如正伪、时代的远近等；此外，还有一类为发行成本上的因素，如刻印地的远近等。在我国古代影响图书定价的诸多因素中，发行方面的因素是最为复杂的。我国古代一般很少在书上明码标价，这样在具体发行时，图书价格的随意性就很大，往往由书肆主人视具体情况而掌握，也有视读者贫富程度及是否急需而定的。

由于图书定价的随意性很大，在古代还出现过由政府干预的事情。如明代万历年间，对一些高价售卖《永乐南藏》的人进行了惩处，将藏经的定价分为三等九号明码公布，并明确规定了各等应达到的质量标准。但这种由政府干预图书定价的事情并不常见，它只是从侧面反映了在图书的定价中发行因素的活跃性。

在民国时期，图书是实行定价销售的，定价一般标在图书的版权页上。1936 年，当时的教育部还颁布了"教科图书和其他图书划一出售办法"。这个由十项内容组成的办法也许就是我们现在实行图书定价制的最初依据。它首次明确："所有书籍，无论大中小学教科书或普通新书古书，应一律标明定价。"如果减价，则有下列规定："同业批发酬劳，由同业公会议定；学校贩卖部或合作社照定价九折；图书馆照定价九折，但同书以二部为限，字典、词典以五部为限；出版者之股东或在职同人照定价九折，但普通书以一部为限，教科书以二部为限；著作人购自著之书照定价七折，其版权共有者不给版税，照定价六折，均以三十部为限。""由教育部通令全国出版者及贩卖书籍者，一律照上开各款规定办理，如有违反者，得由各该地同业公会或任一同业呈请地方官厅为有效之制裁。"

第二节　我国图书定价制度的发展

自中华人民共和国成立以来，以中国市场化进程为观察脉络，我国图书价格定价制度的演进可以分为四个阶段。第一阶段为自我定价时期；第二阶段主要以印张定价为主要机制；第三阶段依然以印张定价为基础，但突出了对出版社利润的考虑；第四阶段则确定了市场化改革的方向。

第一阶段（1949 年至 1955 年），即短暂的自我定价时期，通过成本加成定价法来制定价格。新中国成立初期，整个图书出版业也迎来了新的春天。但当时全国经济萧条，百废待兴，很多不法商人见利忘义，哄抬物价。整个图书业没有统一的定价标准和依据，所有的出版社都是自行给图书定价，定价原则是"成本+利润+税收"。当时，政府对出版行业的干预主要体现在出版方针的制定和监督执行方面，对具体的微观定价没有严格的要求与规定，因此，各地区各出版社的图书定价差别明显。

第二阶段（1956 年至 70 年代末），即价格管制时期，这一时期实行图书统一定价标准，即价格管制❸与低定价，图书出版业"保本微利"，出版社要使图书能够盈利或者多盈利，只有通过规模经济来降低单位成本，而与之对应的图书品种则并不丰富。1978 年，全国出版书籍 8 941 种（其中新出 7 594 种），与 1956 年出版的 25 439 种（其中新出 16 751 种）相比，不仅图书品种没有增加，反而减少。同时，这一时期图书的人均供给也没有显著增加，1956 年人均图书占有量是 2.8 册，1978 年是 3.9 册。因此，这一阶段图书市场的总体表现是价格低、品种少，图书供给不足。

　　第三阶段（20 世纪 80 年代初至 1992 年），即计划经济到市场经济过渡时期，这一时期主要经历了两次较大的改革。第一次改革是在 1984 年，该年 11 月文化部发出《关于调整图书定价的通知》，对图书定价管理体制进行初步改革，并规定中央一级出版社图书定价标准的幅度。就全国平均水平而言，与 1973 年相比，此次图书定价上调约 60％～80％。第二次改革是在 1988 年，新闻出版署先后转发了《同意印数在 3000 册以下学术著作和专业著作可参照成本定价的通知》和《关于改革书刊定价办法的意见》，把图书的定价权进一步下放给出版社。1989 年，中国的图书定价水平又一次出现了较大幅度的增长。可见，政府有关部门通过放开部分图书的定价权，以实现当时计划经济向市场调节的相对平稳过渡。这一阶段的图书价格增长，也可以归纳为从计划经济过渡到市场经济的改革中，图书定价回归市场化后对扭曲价格的调整，因此，这期间图书定价的调整幅度是相当大的。

　　第四阶段（1992 年至今），即市场化时期，由于体制释放引发图书市场的价格上涨。1992 年是中国社会主义建设进程中的一个关键年份，这一年，中国正式选择了以社会主义市场经济为基本取向的发展路径。这一时期是中国经历从计划经济到市场经济的深入变革时期。1993 年，物价部门和新闻出

---

　　❸　价格管制是指政府对处于自然垄断地位的企业的价格实行管制，以防止它们为牟取暴利而危害公共利益。在实践中，价格管制能否可行需要满足以下条件：一是垄断厂商必须能够盈利，否则它将拒绝生产；二是管制成本必须低于社会福利（净损失的消除）。另外，对于价格管制，最困难的事情是确定最优管制价格。如果价格定得过低，垄断者将削减产量。同时，由于价格已经下降，需求量将上升，结果存货会发生枯竭，出现短缺。

版行政管理部门根据社会主义市场经济的要求，再次对图书的定价机制进行改革，除中小学课本和大中专教材实行国家定价，与课本配套的教辅及党和国家重要文献由出版社定价但要在有关政府部门备案外，其他图书由出版社根据市场自由定价，发行折扣也由出版社和发行商自行商定。至此，符合市场经济规律的出版物定价体系正式建立，图书定价正式进入了市场化阶段。

第三节　我国图书出版业的发展历程

我国图书出版业的发展历史可以分为四个阶段。

第一阶段：中国图书出版业的爆发式成长阶段（1978～1985年）。在这一时期，中国图书市场总量经历了一个井喷式的超常规增长，图书出版种类增长率17.34％，新出图书增长率16.18％，总印张数增长率11.34％，总印数增长率8.67％，人均购书增长率61.54％，是中国图书出版产业历史上各项指标增长最高的阶段。导致这一超常规增长的根本原因是"文化大革命"之后，人民群众的巨大购书阅读需求被释放出来，形成了供给和需求双推动的局面。

第二阶段：中国图书出版业的常速调整发展阶段（1986～1994年）。这一阶段各项指标的平均增长率是最低的，唯一例外的是图书的总定价。但是图书的实物指标和价值指标的明显背离反映出这一阶段中国图书出版业内部的一些体制性矛盾开始浮出水面。1988年4月开始，中国图书发行的主要渠道新华书店为了减少库存，大幅度地削减新书订数，出书难、卖书难、买书难的问题同时出现，中国图书出版业陷入了前所未有的困境之中，这一阶段是调整和徘徊期。

第三阶段：中国图书出版产业的加速发展阶段（1995～2001年）。从1995年开始，中国图书出版业结束了长达9年的调整和徘徊，1995年和1996年中国图书出版的品种、数量、定价总金额等指标都出现了迅速攀升。从1995年到2001年，图书品种从10 1381种增长到154 526种，图书总印张由316.78亿印张增长到462.22亿印张，定价总金额从243.62亿元增长到

466.82 亿元，分别增长了 52.42％、45.91％、91.37％。与此同时，出版物的质量也有了很大的提高，不仅表现在图书的纸张、装帧设计和印刷装订质量有了很大提高，国际大 32 开、16 开本开始流行，更表现在这一阶段出版界出版了一大批内容精良、格调高雅、深受大众读者欢迎的图书。

第四阶段：中国图书出版业的改革转型阶段（2002 年至今）。从表 6-1 可以看出现阶段我国图书出版产业规模的具体状况：①图书种数与图书总定价稳中有升，特别是从 2002 年开始，逐年上升。②图书总印数有所下滑，也是从 2002 年开始呈平稳下滑趋势，而平均印数则大幅下跌。③图书进出口与版权贸易仍然存在一定的逆差，2007 年出口图书金额与进口图书金额之差达到了历史高峰——4 514.52 万美元。④人均购书册数呈下降趋势，从 5.8 册下降到 4.58 册；图书出版产业在国民经济、第三产业和文化产业中的比重越来越低，2007 年降到历史最低点，只占第三产业增加值的 0.7％。

表 6-1　中国图书出版产业规模状况表（1995～2007 年）

年份	1995	1996	1997	1998	1999	2000	2001	2002	2003	2004	2005	2006	2007
图书种类（种）	101381	112813	120106	130613	141831	143376	154526	170962	190391	208294	222473	233971	248283
总定价（亿元）	243.62	346.13	372.56	397.97	436.33	430.1	466.82	535.12	561.82	592.89	632.28	649.13	676.72
总印数（亿册张）	63.22	71.58	73.05	72.39	73.16	62.74	63.1	68.7	66.7	64.13	64.66	64.08	62.93
平均印数（册张/种）	6.24	6.35	6.08	5.54	5.16	4.38	4.08	4.02	3.50	3.08	2.91	2.74	2.53
总印张（亿印张）	360.48	360.45	373.62	391.35	406.08	456.45	462.22	465.59	493.29	465.59	493.29	511.96	486.51
版贸逆差（种）	－	－	－	－	－	6705	7597	8938	11705	8726	7948	8900	7684
进出口逆差（万美元）	－	－	－	957.42	1015.28	1196.69	1454.55	1258.58	1883.01	1785.92	1276.09	1132.42	4514.52
人均购书册数（册）	5.2	5.8	5.9	5.8	5.8	5.55	5.43	5.47	5.26	5.16	4.85	4.92	4.58
三产 GDP（亿元）	18094	21097	24328	26104	27036	29145	32254	34533	37669	43384	73395	82703	96328
总定价比重（％）	1.35	1.64	1.53	1.52	1.61	1.48	1.45	1.55	1.49	1.37	0.86	0.78	0.70

资料来源：根据《中国出版年鉴 1996》《中国出版年鉴 2008》和中华人民共和国国民经济和社会发展统计公报（1995～2007）整理计算得出。

根据以上分析可以看出，虽然图书种类和图书总定价有所上升，但其他各项指标从 2002 年开始均呈下滑趋势。根据统计数据计算，2002～2007 年我国年均 GDP 增长 10.06％，而图书出版定价总金额的年均增长率是 5.29％，这些年我国图书出版的增长率一直较低，平均增长率远低于 GDP 的增长率。因此，研究认为，2002 年可以作为中国图书出版产业发展的一个分水岭，继 1995 年中国图书出版业进入加速发展以后，从 2002 年开始，中国图书出版产业进入改革转型阶段。

第四节　我国图书出版业发展现状与特征

一、我国图书出版业现状分析

2012 年全国出版图书、期刊、报纸总印张为 3 074.01 亿印张，折合用纸量 711.36 万吨，与上年相比用纸量降低 0.79％。其中：书籍用纸占总量 13.08％，课本用纸占总量 8.95％，图片用纸占总量 0.01％，附录用纸占总量 0.01％；期刊用纸占总量 6.47％；报纸用纸占总量 71.49％。截至 2012 年年底，全国共有出版社 580 家（包括副牌社 33 家），其中中央级出版社 220 家（包括副牌社 13 家），地方出版社 360 家（包括副牌社 20 家）。

2012 年全国共出版图书 414 005 种（初版 241 986 种，重版、重印 172 019 种），总印数 79.25 亿册（张），总印张 666.99 亿印张，折合用纸量 156.78 万吨，定价总金额 1 183.37 亿元。与上年相比，图书品种增长 12.04％（初版增长 16.62％，重版、重印增长 6.17％），总印数增长 2.85％，总印张增长 5.12％，定价总金额增长 11.32％。其中：

书籍 332 042 种（初版 213 125 种，重版、重印 118 917 种），总印数 44.15 亿册（张），总印张 394.04 亿印张，折合用纸量 92.60 万吨（包括附录用纸 0.27 亿印张，折合用纸量 0.01 万吨），定价总金额 825.47 亿元（包括附录定价总金额 19.52 亿元）。与上年相比，种数增长 14.36％（初版增长 17.82％，重版、重印增长 8.62％），总印数增长 4.63％，总印张增长 9.47％，定价总金额增长 13.64％。

课本 81 271 种（初版 28 363 种，重版、重印 52 908 种），总印数 34.75 亿册（张），总印张 270.79 亿印张，折合用纸量 63.64 万吨，定价总金额 351.13 亿元。与上年相比，种数增长 3.82％（初版增长 9.32％，重版、重印增长 1.09％），总印数增长 1.01％，总印张下降 0.79％，定价总金额增长 6.35％。

图片 692 种（初版 498 种，重版、重印 194 种），总印数 0.08 亿册（张），总印张 0.22 亿印张，折合用纸量 0.08 万吨，定价总金额 1.00 亿元。与上年相比，种数下降 21.63％（初版下降 26.55％，重版、重印下降 5.37％），总印数下降 13.03％，总印张下降 16.52％，定价总金额下降 15.71％。

附录总印数 0.27 亿册（张），总印张 1.95 亿印张，折合用纸量 0.46 万吨，定价总金额 5.77 亿元。

电子出版物 11 822 种、26 344.86 万张。与上年相比，品种增长 5.99％，数量增长 23.56％。其中：只读光盘（CD-ROM）7 620 种、20 335.38 万张，与上年相比，品种增长 0.98％，数量增长 27.74％。高密度只读光盘（DVD-ROM）3 352 种、5 058.44 万张，与上年相比，品种增长 22.02％，数量增长 26.61％。交互式光盘（CD-I）及其他 850 种、951.04 万张，与上年相比，品种下降 1.28％，数量下降 32.41％。

二、我国图书出版业的特征

（一）图书出版呈总体上升态势

我国图书出版四要素的品种、总印数、总印张数、总定价同比均呈增长。2010 年出版图书 328 387 种，增长 8.84％；总印数 71.71 亿册（张），增长 1.9％；总印张 606.33 亿印张，增长 7.22％，定价总金额 936.01 亿元，增长

10.37％。2012 年全国共出版图书 414 005 种（初版 241 986 种，重版、重印172 019 种），总印数 79.25 亿册（张），总印张 666.99 亿印张，折合用纸量156.78 万吨，定价总金额 1 183.37 亿元。与上年相比，图书品种增长12.04％（初版增长 16.62％，重版、重印增长 6.17％），总印数增长2.85％，总印张增长 5.12％，定价总金额增长 11.32％。

表 6-2   2008～2010 年全国图书出版简况

年份	品种	同比（％）	总印数（亿册）	同比（％）	总印张数（亿印张）	同比（％）	总定价（亿元）	同比（％）
2008	274123	10.41	70.62	12.21	561.13	15.34	802.45	18.58
2009	301719	10.07	70.37	-0.36	565.5	0.78	848.04	5.68
2010	328387	8.84	71.71	1.90	606.33	7.22	936.01	10.37

（二）教材出版持续走低

中国书业教材出版比重下降：教材出版总印张和总定价分别占书业出版的比重连续 4 年下降，总印张比重从 2005 年的 51.48％降至 2009 年的44.7％；总定价比重从 2005 年的 42.19％降至 2009 年的 32.95％；教材出版总印数比重自 2007 年起连续 3 年下降，从 2006 年的 54.73％降至 2009 年的45.97％。长期以来，中国书业教材出版过半的局面被打破，中国书业对教材出版的依赖切实降低。

2010 年，情况发生逆转：教材出版总印数比重和教材出版总定价比重均出现反弹，分别比上年增长，总印数比重升至 46.79％，提高了 0.82 个百分点；总定价比重升至 33.85％，提高了 0.9 个百分点。仅有教材出版总印张比重仍保持下降，以 44.59％的比重比上年微降了 0.11 个百分点（见表6-3）。细究其由，在于当年教材出版总印数和出版总定价的增幅，不但高于与其相对应的一般图书出版总印张数和出版总定价增幅，也高于书业整体出版总印数和出版总定价增幅，因此酿成此局。

表6-3　2006～2010 期间全国教材出版简况

年份	教材总印数（亿册）	占书业出版比重（%）	教材总印张（亿印张）	占书业出版比重（%）	教材总定价（亿元）	占书业出版比重（%）
2006	35.07	54.73	255.73	49.95	258.22	39.78
2007	33.24	52.82	235.94	48.5	254.15	37.56
2008	34.21	48.44	262.10	46.71	280.36	34.94
2009	32.35	45.97	252.77	44.70	279.40	32.95
2010	33.55	46.79	270.38	44.59	316.86	33.85

（三）销售数量曲折攀升

中国出版物发行行业现行统计口径尽管只涵盖了部分民营书业，但2010年起经济规模在中国出版业各产业类别中却仅次于印刷复制业，位居第二，其位次与2009年等同。2010年全国出版物发行行业总产出1 923.85亿元，同比增长5.96%；实现增加值470.99亿元，同比增长6.7%；营业收入1 898.52亿元，同比增长7.96%；利润总额206.76亿元，同比增长2.71%。虽然2010年出版物发行业四项经济规模指标均告增长，但其各自占产业整体的比重，比之上年均有不同程度的下降（见表6-4）。尽管2010年出版物发行业的经济规模增长，但由于其四项经济指标增幅远低于数字出版、印刷复制等产业类别的经济指标增幅，导致其产业比重下降。

表6-4　2009 年、2010 年全国出版物发行业经济规模

年份	总产出（亿元）	产业比重（%）	增加值（亿元）	产业比重（%）	营业收入（亿元）	产业比重（%）	利润（亿元）	产业比重（%）
2009	1815.58	17	441.43	14.2	1758.52	17	201.31	22.50
2010	1923.58	15.15	470.99	13.44	1898.52	15.34	206.76	19.22

与销售数量增长相伴，2010年中国书业销售金额同比增长3.25%（见表6-5），达599.88亿元，已近600亿元边缘。与销售数量形成巨大反差的是，

中国书业销售金额增长已成常态，自"文化大革命"后的 1977 年起，这一增长已持续了 34 年。

表6-5　2006—2010 期间全国图书销售统计

年份	销售数量（亿册）	同比（％）	销售金额（亿元）	同比（％）
2006	64.66	2.05	504.33	2.25
2007	63.13	-2.37	512.62	1.64
2008	67.09	6.27	539.65	5.30
2009	63.18	-5.50	580.99	7.70
2010	64.62	2.28	599.88	3.25

第五节　我国图书发行业现状分析

一、我国图书发行业现状分析

（一）发行网点与从业人员情况

2012 年，全国共有出版物发行网点 172 633 处，与上年相比增长 2.40％。其中新华书店及其发行网点 9 403 处，与上年相比减少 1.16％；供销社发行网点 748 处，与上年相比减少 24.97％；出版社自办发行网点 446 处，与上年相比减少 0.22％；文化、教育、广电、邮政系统发行网点 37 821 处，与上年相比增长 3.75％；上述系统外批发网点 7 505 处，与上年相比增长 5.10％；集个体零售网点 116 091 处，与上年相比增长 1.89％。●

2012 年，全国出版物发行业从业人员 72.64 万人，与上年相比减少

●　2012 年全国新闻出版业基本情况. 中国新闻出版报. 2013 年 7 月 26 日.

0.14％。其中新华书店及其发行网点从业人员 14.03 万人，与上年相比增长 0.57％；文化、教育、广电、邮政系统发行从业人员 9.01 万人，与上年相比增长 17％；上述系统外批发点从业人员 16.02 万人，与上年相比增长 5％；集个体零售网点从业人员 32.64 万人，与上年相比减少 6％。

（二）出版物购进情况

2012 年，全国新华书店系统、出版社自办发行单位出版物总购进 189.03 亿册（张、份、盒）、2 160.79 亿元，与上年相比数量增长 2.70％，金额增长 6.71％。其中：新华书店系统购进 123.59 亿册（张、份、盒），比上年增长 0.07％，购进金额 1 180.31 亿元，比上年增长 9.49％。

（三）出版物销售情况

1. 总销售情况

2012 年，全国新华书店系统、出版社自办发行单位出版物总销售 187.62 亿册（张、份、盒）、2 116.06 亿元，与上年相比数量增长 5.30％，金额增长 8.32％。其中：新华书店系统销售 124.87 亿册（张、份、盒）、1 194.88 亿元，与上年相比数量增长 6.26％，金额增长 14.85％。其中：居民和社会团体零售总额 626.6 亿元，比上年增长 7.59％。其中城市零售 519.55 亿元，农村零售 107.05 亿元，城乡零售比重为 4.85∶1。出版物批发销售总额 1 487.3 亿元，比上年增长 8.63％，批零比重为 2.38∶1。其中：批给市、县批发、零售出版物发行企业 1427.58 亿元，比上年增长 9.82％；批给县以下单位或个人 27.9 亿元，比上年增长 2.91％；其他批发 31.82 亿元，比上年减少 24.40％。出口总额 2.16 亿元，比上年增长 8.54％。

2. 纯销售情况

2012 年，全国新华书店系统、出版社自办发行单位纯销售 67.69 亿册（张、份、盒）、688.48 亿元，与上年相比数量增长 2.90％，金额增长 5.34％。

3. 图书发行情况

2012 年，全国新华书店系统、出版社自办发行单位，各类出版物的零售数量和金额、所占零售总量的比重如下：图书 61.10 亿册、595.51 亿元，占零售数量 97.96％、零售金额 95.04％。其中：

（1）哲学、社会科学类图书 2.5 亿册、42.94 亿元，占零售数量 4.01％、零售金额 6.85％。

（2）文化、教育类图书 50.75 亿册、437.94 亿元，占零售数量 81.36％、零售金额 69.89％。其中，中小学课本及教参 26.64 亿册、204.27 亿元，占零售数量 42.71％、零售金额 32.60％；教辅读物 15.58 亿册，142.72 亿元，占零售数量 24.98％、零售金额 22.78％。

（3）文学、艺术类图书 2.48 亿册、37.09 亿元，占零售数量 3.98％、零售金额 5.92％。

（4）自然科学、技术类图书 1.73 亿册、30.84 亿元，占零售数量 2.78％、零售金额 4.92％。

（5）综合类图书 3.64 亿册、46.7 亿元，占零售数量 5.83％、零售金额 7.45％。

此外，少年儿童读物图书 1.83 亿册、22.29 亿元，占零售数量 2.93％、零售金额 3.56％；大中专教材、业余教育及教参 0.99 亿册、17.29 亿元，占零售数量 1.58％、零售金额 2.76％。

电子出版物 0.19 亿张、8.73 亿元，占零售数量 0.31％、零售金额 1.39％。

数字出版物（电子书等，不包含电子阅读器等硬件）0.01 亿个、0.14 亿元，占零售数量 0.02％、零售金额 0.02％。

（四）出版物库存情况

全国新华书店系统、出版社自办发行单位年末库存 61.22 亿册（张、份、盒）、880.94 亿元，与上年相比数量增长 9.60％，金额增长 9.56％。

二、我国图书发行业的特征

(一) 传统图书零售业首现负增长

《2012年中国图书零售市场报告》显示，2012年中国地面图书零售渠道同比增长-1.05%，首次出现负增长。报告分析认为，卖场零售首现负增长是渠道分流直接影响的结果，也就是以亚马逊、当当网、京东商城为代表的网上书店成为越来越多买书人的首选。

开卷公司举办的年度图书零售市场分析报告自2003年以来，已连续11年对外发布。记者查阅历年数据看到，地面图书零售渠道的增长速度出现明显下滑的拐点发生于2008年，那一年，增速从2007年的11.18%下跌到2008年的4.44%，2009年保持在了4.21%，2010年，增速进一步跌到1.38%；尔后，于2011年触底反弹至5.95%，然而好景不长，2012年不增反减，销售额从338亿元减至335亿元，首次出现-1.05%的负增长。❺

该报告同时披露，2012年图书零售的总体增幅仍然接近10%，整体码洋规模约为460亿元，其中网络销售规模为130亿元左右。记者从2012年图书销售额超过15亿元的三大网络书店之一的京东商城获悉，目前京东商城图书种类包括中文图书120万种，英文原版图书、港台书籍12万种，音像制品8万种。1月9日，京东商城向媒体宣布即将于年内建立海外图书仓库，海外图书销售品种将达到70万种。根据京东商城统计的消费行为数据，有接近一半的消费者一年内在京东选购图书达2~5次，其中近三成用户购买次数大于5次。京东商城副总裁石涛认为，从营销角度来看，网络书店对于图书消费人群已颇具"黏性"，这也使网络书店平台成为不少出版社最重视的销售渠道。

(二) 实体书店仍是图书发行的最主要渠道

2012年11~12月，开卷公司面向出版单位的发行渠道进行调研，采样100家

---

❺ 吴越.《2012年中国图书零售市场年度报告》显示出版产业格局发生变动. 文汇报. 2013. 1. 12.

出版单位，其中包括 90 家出版社，10 家民营出版机构，共回收 98 份有效问卷。不考虑系统发行，渠道结构数据显示，超过 87％的出版单位地面店码洋规模超过 50％，其中 32.2％的书店这一贡献比例达七成以上。杨伟说："这表明目前实体书店依然是绝大多数出版单位最主要的图书发行渠道，各家出版社普遍在网店销售渠道取得增长，不同的是出版单位介入网络渠道有早有晚，销售规模有大有小，增速差异巨大：有的已经接近持平，有的还有 10 倍以上的增长速度。在调研过程中，除实体书店和网店外，出版单位广泛提到的销售渠道是馆配和政府采购。"在调研中，有 66 家单位提到馆配业务，但馆配业务在不同出版单位的管理差距非常大，有的作为一个独立渠道在管理，有的合并在地面书店渠道或其他渠道一起管理，馆配渠道对各大出版单位的码洋贡献率的比例大致为 5％～10％。政府采购主要包括农家书屋项目和一小部分中小学教辅。这一部分数据也验证了开卷公司对于图书零售渠道变革的判断：整个图书零售不再依赖于传统的实体书店销售的唯一渠道，但实体书店无疑还是最重要的，伴随着读者和消费购买习惯的变化，发行渠道也随之进行着不停的演变。❻

（三）出版单位两极分化严重

《2012 年中国图书零售市场报告》表明，整个图书零售市场的竞争形势依旧严峻，这主要体现在各家出版单位的两极分化。码洋占有率位于 1％～5％的出版单位数量在增加，而码洋占有率在 0.5％～1％的出版单位数量在下降。出版单位的两极分化现象使中等规模的出版社面临比较严峻的经营形势，如果不能做优做强，就会惨遭市场淘汰。相比 2011 年，2012 年码洋占有率领先的 10 家出版集团，没有新的入围者，排名上也没有太大变化，这表明上游在集团层面上的竞争大体稳定，但出版社层面的竞争则相对更加激烈。2012 年市场占有率名列前 10 的出版社分别是：商务印书馆、机械工业出版社、人民出版社、陕西人民教育出版社、外语教学与研究出版社、化学工业出版社、长江文艺出版社、龙门书局、浙江少年儿童出版社、吉林出版集团。

---

❻ 范燕莹．实体书店仍然是主要的发行渠道．中国新闻出版报．2013.2.4.

杨伟认为，这些市场占有率领先的出版社有着共同的特点：他们都有一技之长或者多技之长，在不同细分领域占据着领先地位，如商务印书馆码洋占有率上升 0.28％，它主要依托于工具书产品，机械工业出版社在科技和经管领域占据领先，生活类图书第 1 名为化学工业出版社。另外，开卷公司关注的 2012 年成长最快的出版社有湖南文艺出版社、吉林出版集团有限公司，北京联合出版有限责任公司等，他们当中码洋占有率的大幅提升多来自畅销书的推动力量。民营书业企业对市场的带动不容忽视。根据开卷公司的监测结果显示，2012 年领先的民营机构前 5 名分别是：北京磨铁、中南博集天卷、天津中智博文、新经典文化和海豚传媒。这些出版机构成功的原因在于立足不同细分市场，通过对这些市场的精耕细作，打造自身的优势品种。

（四）文学少儿类图书为主旋律

2012 年新书出版超过 20 万种，新书品种的持续增长和老书持续销售，使得动销品种继续攀升。开卷公司监测结果显示，年度动销品种过万种的出版社超过 11 家。这源于上流出版源源不断的创造力，但产品同质化现象明显，使得市场竞争非常激烈，而这种激烈竞争不是效率很高的竞争，同质化的品种造成行业资源的浪费，包括上游的出版资源、下游的卖场资源。

每年图书零售市场结构不会发生骤然变化，但每年的些许变化仍有趋势性可言。这种趋势在 2012 年和 2011 年有很多相似之处：教辅教材、少儿、文学仍保持市场码洋比重的扩张，在实体书店如此，在网店也是类似。文学和少儿仍是图书零售市场领衔增长的类别，在地面店首现负增长的情况下，这两大板块仍然实现了 7.7％和 4.7％的年度增幅。《2012 年中国图书零售市场报告》的作者杨伟说："少儿和文学已经是连续 5 年保持很好的增长速度了，它们背后的读者无疑值得我们深入研究。"另外，2012 年艺术类图书以小幅度的码洋比重增长。"从 2012 年图书市场格局看，少儿和文学常青，一直在带领着我们往前走，艺术类图书无疑是值得我们关注的新兴板块，传记和社科图书波动比较大，2011 年一系列媒体人物传记类图书和 2011 年年底的商业大书《乔布斯传》，都给 2012 年的销售增长带来了很大的市场压力，而社科类图书受 2011

政治类和学术文化类图书的影响，使得 2012 年难以为继。"

三、我国图书发行商的具体运营模式分析

（一）图书发行商

图书发行商目前采取多形式的图书批发业务以及实体店和网络发行并行的经营模式。通过对图书批发商经营类别调查显示，受访的图书批发商经营的图书类别（除专营的考试书店外）如图 6-1 所示，社科类图书所占的比重较大，占经营总量的 36%；其次是教辅类图书和儿童类图书所占的比重较大，分别占经营总量的 26% 和 22%。不同的图书批发商经营的图书类别大体相似，货架空间都是被畅销的图书所占据。

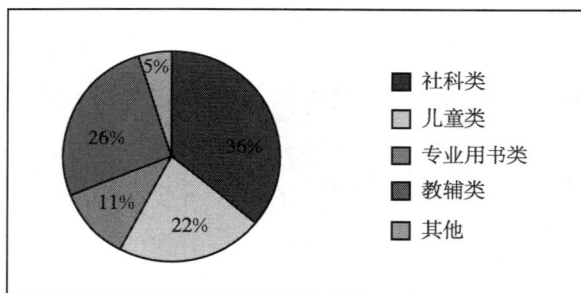

图 6-1　批发商经营的图书类别

调研表明，87% 的图书批发商进行实体书店和网上书店并举的经营模式，只有 13% 的批发商将实体书店作为其唯一的经营模式（见图 6-2）。

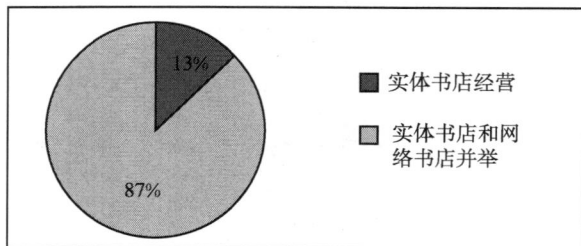

图 6-2　图书批发商经营模式

实体书店和网络书店并举的批发商当中，其中94％是在淘宝网进行网上图书销售活动，只有6％的批发商独立运营自营的图书销售网站（见图6-3）。大多数批发商选择在淘宝网经营图书，是因为通过淘宝网销售图书能够节省运营和管理成本，同时可以借助淘宝网的知名度和其自身的搜索引擎增加自己的销售额。而其中6％独立运营网上书店的批发商的经营规模都比较大，经营范围辐射多个省、区、直辖市，在行业内有较大的影响力，具备独立运营网站的能力。

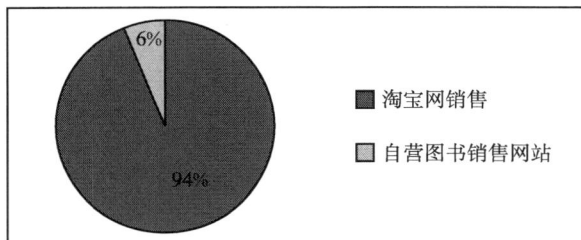

图6-3 图书批发商网上销售渠道

图书批发商在发行过程中也是采用折扣的方式将图书批发给二级批发商或零售书店，根据图书种类的不同，以平均折扣六至八折组织批发活动，零售商依据从批发商获得的价格制定零售价格。

目前图书批发商仍保持盈利状态。但一些专业类书店因为经营种类的原因，出现了淡、旺季，这些经营商在淡季也都基本可以持平，只有很少一部分略有亏损（见图6-4）。

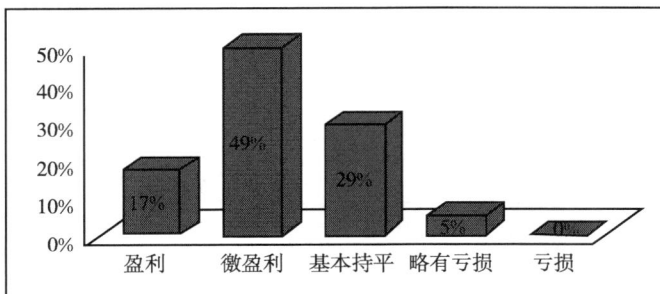

图6-4 图书批发商盈利状况分析

（二）图书零售单位运营模式分析

图书零售单位（实体书店）通过自身地理位置的特点，经营不同种类的热销图书，同时结合兼营项目，通过多种途径达到盈利的目的。但实体书店的经营业绩出现连年下滑的趋势。

实体书店的图书经营类别受书店地理位置的影响较大。靠近学校以学校为依托的实体书店经营的图书类别如图6-5所示，教辅类图书、青春文学和儿童类图书所占比例较大。

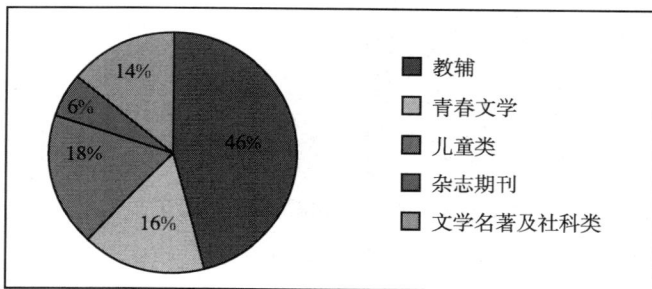

图6-5 学校附近零售书店的图书类别

靠近社区的实体书店经营的图书类别如图6-6所示，由于靠近居民生活区，居民在这类书店购买图书的主要目的是消遣娱乐，因此，杂志和生活艺术类图书的经营比例较大。

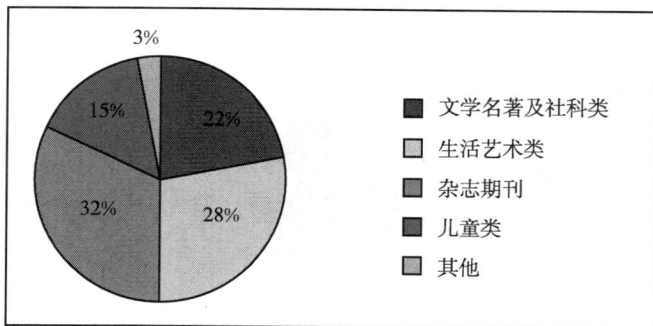

图6-6 社区附近零售书店的图书类别

实体书店现在都是采用线下经营的模式，都将实体书店作为其唯一的营销渠道。零售过程中，根据其从批发商手中得到的折扣高低进行折扣销售，图书的平均折扣在八折左右，杂志一般按原价出售，不打折销售。

房租问题与客流量问题是书店现如今亟待解决的两个重要问题。调查中有许多店主抱怨，实体书店已成为网上书店的样板间，很多人只看不买，往往是在实体书店试读，确定购买意图后在网络书店购买，原因是网络书店由于运营成本低，图书售价比实体书店低。实体书店还存在着人力成本太高、资金回笼慢等问题（见图6-7）。

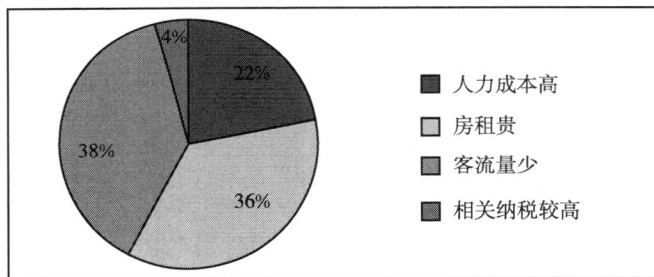

图6-7　零售书店面临的主要问题

为了维持经营，大多数实体书店都有兼营项目，其中以传统的音像制品为主，但是，由于这些年各种力量对于民营书店的冲击很大，致使书店在经营选择中陷入了混乱、尴尬的局面。许多书店经营文具、玩具，甚至经营雪糕、饮料等销售较快、利润较大、资金回笼较快的附属品，很大一部分已经脱离了书店气质该有的范畴（见图6-8）。

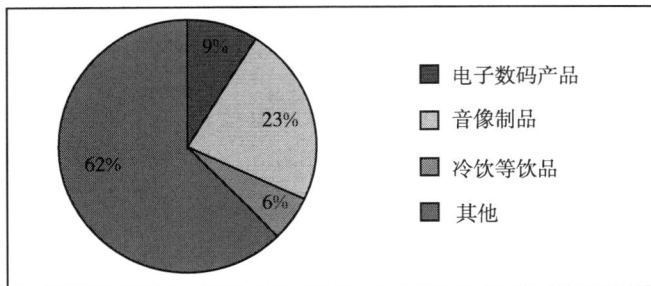

图6-8　零售书店经营的图书以外的产品类别

（三）网络书店的销售现状分析

京东图书采购流程与实体书店相类似，但在一些具体的采购环节中具有其特殊优势。比如说定制图书，即京东网向图书出版社直接订货，出版社可以为网站定制单独版本，这也是京东网上售书重要的利润源之一。京东商城网上图书销售业务从2011年开始开展，2011年销售额5亿元，2012年超过15亿元，单日最高销售额达到4 000万元。2013年京东网上售书预计目标为30亿元。（见图6-9）

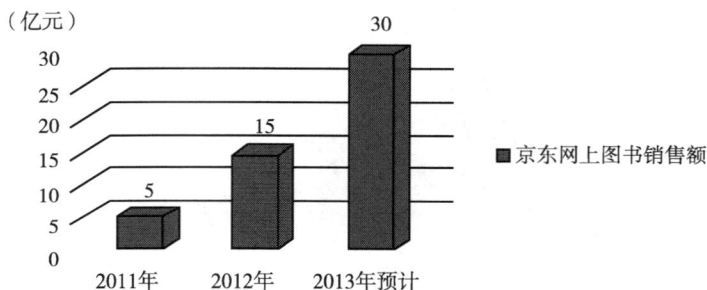

（亿元）

图 6-9　京东网上图书销售额

图书销售在京东销售总额中所占份额是很小的。举例来说，京东2012年完成600亿元的交易额，其中图书交易额仅占2.5％，几乎可以忽略不计。但这样的交易额依然可以在国内各家电商中排名第三，仅次于当当和亚马逊。如今的网上图书零售市场基本已稳定"三分天下"的格局。2013年1月，在当当网2013年度出版物经销商大会上，易观国际的数据显示，2012年整个网上图书的零售市场，当当网占有45％的市场份额，而卓越亚马逊和京东商城分别占有23％和14％的市场份额。而很多人期待的"四强争霸"局面尚未出现，苏宁易购在2011年年底开始进军网上图书零售市场，并曾计划一年内实现领跑网上图书零售市场，但是目前看来，"三分天下"的格局还难以被撼动。

相比实体书店，京东网上图书销售具有明显的优劣势。首先，网络书店具有价格优势。网络售书成本更低，因为销量大从而议价能力更强，又可以通过图书的打折促销聚拢人气，带动其他兼营商品的销售，因此价格十分便宜。其次，读者购买方便、快捷。通过互联网特别是移动互联网，网络书店真正实现了购书的"任何时间、任何地点"，支付体系和物流体系也已经比较完善，为读者节省了很多的时间和精力。再次，网络书店很容易通过单个读者的浏览历史、购买行为和购买历史，根据不同读者的偏好，进行个性化、精准的推荐，更有利于扩大销量。而"二维码"的出现，无疑为网上图书零售市场开辟了一个更加便捷的"绿色通道"。

早期网络书店一个很大的劣势就是消费者看不到实物，而如今的这一劣势现在也在逐渐变小。如当当网的在线试读，消费者可以在当当网图书的页面下点击"试读此书"就可以通过当当在线的阅读工具阅读该图书的部分章节内容，相比当当网的在线试读，京东的"晒单"更为直接，已经购买图书的读者可以将自己购买的图书实物拍照片传到京东网上，换取相应的晒单积分，这样后续购买者可以在网上看到实物的照片，而不单是看到图书封面了。除此之外，网店的图书页面信息更容易直接刺激消费者购书，这是实体店无法做到的。编辑推荐、内容简介、媒体评论、作者简介等文字信息都可以在图书页面显示，消费者可以透过这些文字轻易获取他们想要了解的信息，而不像在实体书店，通过自己将整本书浏览一遍再决定是否购买。目前，当当网、卓越亚马逊和京东商城都在图书页面信息这方面做了很多工作。

第六节　我国图书出版业存在的主要问题

一、实体书店举步维艰

随着网络书店的巨幅折扣的冲击，全球的实体书店都在挣扎已经是不争的事实，中国也不例外，我国的实体书店也在面临关闭潮。根据原新闻出版总署有关统计数据显示，2005 年全国共有国有书店网店 11 897 家，供销社网店 3 200 家，集个体零售网店 108 130 家；2009 年，国有书店网店减少到 9 953 家，供销社网店减少为 1 636 家，集个体网店减少到 104 269 家，三类网店 4 年分别下降了 16.34%、48.88% 和 3.57%。

2010 年 1 月，北京第三极书局因连年亏损，关门停业；重庆经典概念书城关门；2010 年开张仅几个月的季风书园上海徐家汇概念店关门大吉；2011 年风入松、光合作用等著名人文书店歇业。北京曾经鼎盛一时的读者殿堂——海淀图书城中大量的书店关门大吉，或由零售为主营业务转为批发为主营业务。全国工商联合会书业商会的统计数字显示，10 年来全国 50% 的民营实体书店关张，且这一趋势有愈演愈烈之势。

2011 年关闭的民营实体书店汇总：

1 月，北京五四书店关闭；

4 月，席殊书屋上海建国路店关门；

6 月，拥有 17 年历史，曾被誉为"北京三大民营书店之一"的人文学术书店"风入松"宣布歇业，至今仍未开业；

7 月，上海季风书园来福士广场店停止营业；

8 月，成都印象大书房关闭；天津泸文书店关闭；

9 月，随着广东三联书店"流花店"与"增城店"的关门，在广东扎根 17 年的香港"三联书店"正式退出广州市场。

10 月，在鼎盛时拥有 31 家加盟店，号称"拥有全国最大连锁渠道"的民营连锁书店——光合作用书房，因被曝资金链断裂、高层集体辞职，旗下北京大望路和五道口的两家门店遭到部分供应商哄抢，以偿还所欠书款。此后，光合作用书房总部所在城市厦门的直营门店全部停业。

二、出版社的高定价低折扣现象

理论上，由于图书的价格弹性小，出版企业不会以降低图书价格的手段来参与市场竞争，而会以高价格获取可观的经济效益。但是，在实际销售过程中，我国图书出版企业在竞争中的一大怪现象是：价格成为图书竞争中的主要因素。这里的价格不是指图书定价，而是图书在发行时的折扣。如表6-6中，出版社销售额实际是在发行流转环节中的发货折扣，从表中可以看出，自2003年开始，我国图书销售能力逐年下降，发货折扣也在不断下降，说明我国图书出版企业以降价促销。

表6-6　2003～2006年中国图书发货成本和折扣情况　　　　　　　亿元

年份	造货码洋（1）	纯销售额（2）	出版社销售额（3）	销售能力（4）＝（3）／（1）	发货折扣（5）＝（3）／（2）
2003	561.82	461.64	276.80	49.27	59.96
2004	592.89	486.02	272.28	45.92	56.02
2005	632.28	493.22	234.05	37.02	47.45
2006	649.13	504.33	232.19	35.77	46.04

资料来源：根据《中国出版年鉴2000年》《中国出版年鉴2008年》整理计算得出。

1993年，原新闻出版署、国家物价局曾联合发文，放开图书价格，除大中专、中小学教材由国家定价外，其他图书都由出版社自行定价。这个图书价格管理政策一直沿用至今，为价格竞争提供了可行性。我国图书的价格竞争和其他产业的价格竞争表现的形式有很大差别。其他产业一般通过卡特尔、价格领导、价格操作等形式进行价格竞争，但由于我国图书出版业规模的分散，使得价格串谋、联盟等成为不可能。关于图书发行的折扣问题，原新闻出版总署曾在1991年发文规定国营书店的折扣不得低于七折，书商和民营书店的折扣可与出版社自行商定。

然而，当前各出版社采取了高定价、低折扣策略，大打价格战。折扣率成为图书经销商进货的主要衡量标准，尤其在选题雷同的出版物中，更低的折扣率意味着更大的利润。对于出版社来说，要想增大发行量，只能一再地压低折扣率。出版社之间竞相压价，给国营新华书店的发货折扣一般在六折左右，给民营书店的折扣已经给出了四折或三五折，出版社的利润空间所剩无几。因此，出版社只能将一部分利润损失通过提高定价或降低质量的方式转嫁给消费者，造成消费者剩余的损失。在高定价、低折扣的竞争行为下，各级分销商获利丰厚，消费者成了受害者，而出版社也最终走入了微利时代。

三、图书销售市场的混乱局面

如上所述，我国图书出版领域出现怪状：一方面有相当一部分按规矩办的出版社不断呼吁图书价格太低；一方面又有大量以耍小聪明式的高定价低折扣冲破定价标准的现象，其中欺诈性的巨高码洋的一折书，更是世界独有的。我们有专门的物价部门，似乎有严格的定价管理，但其终端销售展现出的却是有目共睹的价格混乱。

2010年的京东、当当的价格大战导致我国图书市场一片哗然，在此价格战中京东宣布图书"直至价格降到零"，三巨头遭新闻出版总署约谈，希望不要扰乱行业秩序，而三巨头则希望总署关注图书垄断之事。2011年3月，第二轮价格战再起，而且规模再次升级。京东商城不允许公司的图书部门盈利，以对抗老牌图书电子商务公司当当网的低价策略。2011年3月14日，当当网CEO李国庆对外表态，当当网将进行一场力度空前的图书返利大促销。对于此次图书价格战，李国庆还表示，"价格战仍是中国电子商务竞争的主要手段"，当当网不仅要打，还要"继续打三年"。而京东商城CEO刘强东也毫不示弱称"要打就要来狠的"，禁止图书部门5年内盈利。2013年3月第三轮价格战再次掀起，当当网宣布从即日起至15日，40万种图书全场五折封顶。同一天，京东商城启动"春醒万物生"图书音像促销专场，图书音像满300元减100元。

2012年可谓是网上图书零售市场"价格战"最惨烈的一年。以当当网、亚马逊、京东商城三大巨头为主发起的"价格战"使一些基本上现金流不够充裕的企业已经倒在了血泊中，但几大巨头并没有因为亏损而放慢扩张的步伐。

网络书店的价格战使图书已经远远脱离了价格取决于价值的基本理论，给中国图书出版业、实体书店带来众多弊端。

四、电子书付费阅读模式还没形成

在印刷版图书品种快速增长的同时，数字出版技术使电子书的出版呈快速上升态势。我国于 2010 年年底电子书总量就已经突破百万，达到 115 万种，同比增长 15.65％；电子图书年交易册数为 5 770 万册（未包含手机付费阅读和连载部分），同比增长 6.93％；电子图书市场产值为 8.69 亿元，同比增长 202.79％。然而，我国的电子书销售市场发展还不够完善，盗版现象比较严重，非授权图书和免费图书是我国电子书个人消费市场的主体，付费阅读的观念还没有形成，将阻碍我国电子书市场的健康发展。

第七节　自由定价制度在我国图书出版业
发展过程中的正反面辨析

由上所述，自由定价制度在我国图书出版业发展历程中起到重要的推动作用，它推动图书出版品种、图书总印数、图书总的销售册数以及图书总定价稳步增长，繁荣了图书市场，增加图书出版、发行单位的市场竞争性，实现优胜劣汰。但是，自由定价制在我国出版业持续发展的进程中产生了一些桎梏：如实体书店的持续较少，民众阅读水平不高、人均年购书品种（见表6-7）没有明显的增加；出版社出现为保持盈利高定价低折扣的现象，使图书定价持续走高；为了抢占市场，零售商之间打价格战；图书市场还未实现真正的文化多样化，仍然以文学少儿类图书领跑图书市场，缺少学术类、专业类等其他图书的"共同繁荣、百家争鸣"。

表 6-7　2006~2010 年全国人均购书统计

年份	人均购书量（册）	人均购书额（元）
2006	4.92	38.37
2007	4.78	38.80
2008	5.05	40.64
2009	4.73	43.53
2010	4.82	44.78

第七章 我国图书价格管理制度改革分析

第一节 我国确立图书定价制度的必要性分析

一、出版业发展的黄金阶段亟须制度保证

纵观世界出版业的发展史，我们可以发现，世界各国的出版历史进程的方向是基本一致的，所不同的是，由于各国的政治、经济、文化等发展进程不同，出版业所处的阶段也不同。2003 年我国的人均 GDP 超过了 1 000 美元，按照全面建设小康社会的战略部署，到 2020 年，我国人均 GDP 是要达到 3 000 美元左右。人均 GDP 1 000 ~ 3 000 美元，是全面建设小康社会的关键时期，也是实现全面小康社会的重要标志之一。对美、英、法、德、日、韩人均 GDP 1 000 ~ 3 000 美元发展阶段出版业发展状况的研究表明，这一阶段也是出版业快速发展的阶段。

（一）美、英、法、德、日、韩人均 GDP 1 000 ~ 3 000 美元发展
阶段出版业发展状况

国际粮农组织按照人均收入水平和恩格尔系数划分富裕程度，人均 1 000 美元（恩格尔系数为 40％ ~ 50％）以下为全面小康阶段，1 000 ~ 4 000 美元和 4 001 ~ 10 000 美元（恩格尔系数为 20％ ~ 40％）为富裕阶段，10 001 ~ 20 000 美元及 20 000 美元以上为高度富裕阶段。根据国际经验，人均 GDP 超过 1 000 美元，人民的基本生活需要已经得到满足，人民生活将向消费型转

变，消费结构将向发展型、享受型升级，文化娱乐消费将会呈现加速发展之势❼。因此，人均 1 000 美元以后的阶段，对于出版业的发展来说，是一个重要的发展阶段，随着文化娱乐消费的增长，出版物的消费在居民的消费结构中所占比例也会逐渐增长。

1. 美、英、法、德、日、韩经济发展阶段划分

美、英、法、德、日、韩 6 个国家的经济发展速度不同，人均 GDP 达到 1 000 美元的时间差距很大，美国在 20 世纪 40 年代人均 GDP 就达到了 1 000 美元，英国、法国和德国 20 世纪 50 年代人均 GDP 达到 1 000 美元，日本 20 世纪 60 年代达到人均 GDP 1 000 美元，韩国到 20 世纪 70 年代才达到人均 GDP 1 000 美元，美国和韩国相差了 35 年。由于各国进入"全面小康阶段"的时代背景有很大的不同，特别是技术的发展对于出版业的影响差距更大，因此，各国出版业的发展差别很大。

表 7-1　美、英、法、德、日、韩人均 GDP 的情况

人均 GDP/美元	年份					
	美国	英国	法国	德国	日本	韩国
1 000	1942	1956	1953	1957	1967	1978
3 000	1962	1973	1971	1970	1973	1987
10 000	1979	1987	1979	1978	1984	1995
20 000	1989	1996	1990	1990	1988	—

资料来源：据《联合国统计年鉴》1950～2001 年整理。

从表 7-1 可以看出，各国人均 GDP 由 1 000 美元到 3 000 美元所用的时间也不相同，美国用了 20 年，时间最长，英法德用了 10 余年，日本仅用了 6 年，速度最快。从 3 000 美元到 10 000 美元，法国、德国和韩国均用 8 年的时间，日本用了 11 年，英国用了 15 年，美国用了 17 年。由于经济发展速度

---

❼　祁述裕. 中国文化产业国际竞争力报告. 北京：社会科学文献出版社. 2004 年 8 月. 第 83 页.

的不同，必然导致经济结构调整速度的不同，由此带来出版业结构调整的差异。

到 2001 年，美国、日本的人均 GDP 分别达到 3.5 万美元和 3.3 万美元，英国 2.4 万美元，德国 2.2 万美元，法国 2.2 万美元，韩国降到了 9 000 美元。

从世界各国的经济发展历程来看，不同阶段的产业结构具有显著的差别。比如，20 世纪 50 ~ 60 年代，以制造业为主，20 世纪 70 年代以后，服务业在发达国家经济结构中的比例明显上升，到 20 世纪 90 年代以后，知识经济在经济结构转变中的作用逐渐加大。产业结构的变化，也为出版业的发展提供了发展契机，在统计中，出版业从制造业剥离出来进入服务业，再从服务业分离出来进入信息产业，正是产业结构调整、以知识为主的产业兴起的写照。

2. "全面小康"阶段的出版业

我们研究国外出版业的指标，主要包括印刷出版业产值或增加值、印刷及书写用纸量、图书品种、期刊品种、报纸品种，部分国家包括图书销售册数、人均报纸份数等指标。

（1）出版产业指标

印刷出版业产值或增加值是反映出版产业综合实力的一个重要指标，也是衡量出版产业在国民经济中地位的重要指标。从国外的一般规律来看，经济发达的国家，出版产业也比较发达。从印刷出版业增加值在 GDP 中的构成看，除韩国不足 1％外，各国的差距不大。出版业增加值在 GDP 中的比例变化受到多种因素的影响，比如出版业自身规模的大小、其他产业发展的规模。美、英、法、德、日、韩印刷出版业增加值指标见表 7-2。

从表 7-2 可以看出，出版业的规模不是很大，无论是产值还是增加值仅有数十亿美元到百亿美元的规模，增加值在 GDP 中的比例一般在 1％ ~ 2％。在经济学上，一般把产值或增加值占到 GDP 总量 5％以上的产业称为支柱产业，依此标准，出版业距支柱产业的距离还是相当大的。

表7-2　美、英、法、德、日、韩印刷出版业增加值指标

国家	GDP 总量（亿美元）	进入年份（年）	印刷出版产值（10 亿美元）	印刷出版增加值（10 亿美元）	出版业在 GDP 中的比例（%）
美国	—	1942	—	—	—
	5960	1962	—	10.2	1.71
英国	563	1956			
	1744	1973	5.5	3.5	2.0
法国	—	1953	—	—	—
	1627	1971	4.4	2.19	1.35
德国	—	1957	—	—	—
	1877	1970	2.6	—	—
日本	1117	1967	3.53	1.95	1.75
	4079	1973	11.5	6.28	1.5
韩国	476	1978	0.55	0.22	0.46
	1318	1987	2.03	1.12	0.85

资料来源：据《联合国统计年鉴》1950～2001 年整理。

尽管出版业在 GDP 中的比例不是很高，但在进入 1000 美元的发展阶段以后，出版业的增长速度还是很快的。从美、英、法、德四国的统计看，从 20 世纪 50 年代到 60 年代末期的 20 年间，出版业产值的增长率均高于同期国民生产总值的增长率。到 70 年代，即人均 GDP 超过 3000 美元后，出版业增长速度放缓（见表7-3）。

表7-3　美、英、法、德印刷出版业产值均增长率和国民生产总值对比表（名义值）　%

年份	1953～1960		1961～1970		1971～1980	
	印刷出版	GNP	印刷出版	GNP	印刷出版	GNP
美国	4.1	3.2	4.3	4.2	3.0	3.1
英国	5.3	2.8	2.9	2.7	1.3	1.9

续表

年份	1953 ~ 1960		1961 ~ 1970		1971 ~ 1980	
	印刷出版	GNP	印刷出版	GNP	印刷出版	GNP
法国	8.9	4.5	5.8	5.6	2.2	3.6
德国	8.0	7.9	5.6	4.7	2.8	2.8

资料来源：《国际经济和社会统计资料》（1950—1985）等整理，中国财政经济出版社1985年版。

（2）书报刊指标

长期以来，图书、报纸、期刊在世界各国的政治、经济、文化生活中发挥着重要的作用，书报刊是政治文明、经济发达、文化繁荣的标志之一。

书报刊印刷、出版和发行是出版业的重要组成部分，特别是在其他媒体不够发达的20世纪中期，书报刊更是出版业的核心，因此书报刊的统计一直是联合国教科文组织统计的重要数据。

从国际统计数据看，书报刊的指标相对来说是比较系统的，特别是书报刊品种的统计更为系统，虽然图书品种的统计也存在口径上的问题，但是图书品种的国际比较可行性更强。

从美、英、法、德及日、韩的经济发展轨迹看，人均GDP达到1 000美元可以看成是经济发展的新起点，3 000美元则是由量变到质变的跨越式发展时期。在人均GDP 1 000 ~ 3 000美元时期，各个国家出版业的发展速度很快。从统计数据来看，法国、德国、韩国的图书品种在这个期间翻一番以上，英国接近翻一番，只有日本的增长比较缓慢（见表7-4）。

表7-4　美、英、法、德、日、韩书报刊品种指标

国家	人均GDP（美元）	进入年份（年）	图书种数（种）	日报种数（种）	非日报种数（种）
美国	1 000	1942	—	—	—
	3 000	1962	21 901	1 760	—
英国	1 000	1956	19 107	—	—
	3 000	1973	35 254	109	1151

续表

国家	人均 GDP（美元）	进入年份（年）	图书种数（种）	日报种数（种）	非日报种数（种）
法国	1 000	1953	10 017	—	—
	3 000	1971	22 372	105	1007
德国	1 000	1957	16 690	—	—
	3 000	1970	45 369	1 093	93
日本	1 000	1967	30 027	172	
	3 000	1973	35 857	188	
韩国	1 000	1978	16 424	29	
	3 000	1987	44 288	37	

资料来源：据《联合国统计年鉴》1950～2001 年整理。

　　图书是最传统的出版物，也是人们阅读的最主要的出版物之一。从人类文明发展史来看，图书的作用巨大。同时，图书也是人类科技、文化等一切精神创作的载体，伴随着科技、文化等精神创作的活跃而发达。从出版史的角度考察，我们发现，世界各国的图书品种都是呈现出明显的增长趋势的。如美国 1950 年的图书品种是 11 022 种，1962 年达到 21 901 种，到 2003 年达到 17.5 万种；法国 1953 年是 10 017 种，1969 年达到 21 958 种，2003 年达到 41 445 种，英国 1955 年是 19 962 种，1968 年达到 31 470 种，1998 年达到 11.1 万种，德国 1957 年是 16 690 种，1968 年 30 223 种，1998 年 78 042 种，日本、韩国的图书品种也是直线上升的。人均图书品种基本也是如此，在人均 GDP 1 000～3 000 美元阶段，美国、韩国、德国的人均图书品种翻一番，英国和法国接近翻一番。

　　当然，发达国家的图书种数差距也很大，百万人均图书种数差距也是很大的，在 1 000 美元阶段，人均拥有的图书种数最高相差 8 倍，而在 3 000 美元阶段，却相差近 10 倍。这其中的原因是多方面的，包括人口因素，也包括文化传统、经济等其他因素，见表 7-5。

表7-5　美、英、法、德、日、韩"全面小康"时人均图书品种

国家	人均 GDP 1000 美元阶段 百万人均图书品种数（种）		人均 GDP 3000 美元阶段 百万人均图书品种数（种）	
美国	1942 年 58		1962 年 117	
英国	1956 年 372		1973 年 630	
法国		1953 年 235	1971 年 436	
德国	1957 年 324		1970 年 747	
日本		1967 年 301	1973 年 331	
韩国		1978 年 444	1987 年 1052	
六国平值	289		552	

资料来源：据《联合国统计年鉴》1950 年～2001 年整理。

报纸出版是出版业的重要指标，考察报纸出版的指标主要有报纸品种和人均拥有报纸份数，由于各国人口数量差距很大，报纸的总印数实际意义不大。当然如果从产业的立场出发，报社的经济规模也是非常重要的，但是相关的数据却难以找到。从几个国家的报纸出版情况看，虽然创办报纸不存在制度上的障碍，但由于报业竞争的日趋激烈，在 GDP 达到 3 000 美元以前，报业呈现增长的趋势，如美国 1954 年的日报种数曾经达到 1 862 种，英国在 1959 年时达到了 129 种，德国在 1971 年达到 1 255 种，此后一路下滑，法国在 1961 和 1962 年也达到 136 种，日本 1973 年达到 188 种。各国在 GDP 超过

3 000 美元后，报纸品种呈现逐渐减少的趋势。以各国日报种数为例，美国 1970 年是 1 763 种，到 1984 年下降到 1 686 种，日本 1970 年是 178 种，到 1984 年下降 125 种，德国 1970 年有 1 093 种，到 1979 年仅有 380 种，法国 1970 年有 106 种，到 1984 年减少到 101 种。英国 1975 年有 111 种，到 1984 年还有 108 种。与此同时，人均报纸份数也有下降的趋势，如美国 1970 年每千人拥有的日报份数是 303 种，到 1984 年下降到 268 种，法国 1970 年是 238 份，到 1984 年减少到 212 份。英国 1975 年有 431 份，到 1984 年还有 414 份。日本的情况相反，逐年上升，1970 年是 511 份，到 1984 年上升到 562 份，见表 16。

表 7-6　美、英、法、德、日、韩 "全面小康" 时人均报纸份数

国家	报纸总数	千人平均份数	报纸种数	千人平均份数
美国	1942 年	1942 年	1962 年	1942 年
	—	—	1760	321
英国	1956 年	1956 年	1973 年	1973 年
	—	—	109	438
法国	1953 年	1953 年	1971 年	1971 年
	—	—	105	237
德国	1957 年	1957 年	1970 年	1970 年
	—	—	1093	319
日本	1967 年	1967 年	1973 年	1973 年
	172	476	188	537
韩国	1978 年	1978 年	1987 年	1987 年
	29	—	35	245

（3）印刷和书写用纸量指标

用纸量也是联合国教科文组织的统计指标，主要包括新闻纸、印刷和书写用纸两个指标，在一定程度上反映出版业的发展，新闻纸主要是报纸使用，

印刷和书写用纸主要是书刊使用，当然，复印、打印也使用了相当大的数量。通过对 6 国印刷和书写用纸量的分析，我们发现，居民印刷和书写用纸量总体呈波动式上升状态，特别是在人均 GDP 3 000 ~ 5 000 美元阶段，是用纸量发展的重要时期，多数国家人均用纸量翻一番。在人均 GDP 3 000 美元以后，人均用纸量继续增长（见表 7-7）。

表 7-7　发达国家印刷和书写用纸量在全面小康阶段的比较　　　　　kg

人均 GDP（美元）	美国		英国		法国		德国		日本		韩国	
	每居民印刷和书写用纸量（取点年份）	年均增长速率（%）	每居民印刷和书写用纸量（取点年份）	年均增长速率（%）	每居民印刷和书写用纸量（取点年份）	年均增长速率（%）	每居民印刷和书写用纸量（取点年份）	年均增长速率（%）	每居民印刷和书写用纸量（取点年份）	年均增长速率（%）	每居民印刷和书写用纸量（取点年份）	年均增长速率（%）
1000	—	—	16.9（1956）	1.78	10.6（1955）	—	16.1（1960）	—	12.2（1967）	3.89	5.8（1978）	—
3000	28.3（1962）	—	24.1（1969）	5.13	30.1（1971）	6.74	34.4（1970）	7.89	25.3（1973）	12.93	15.1（1987）	11.22
5000	48.1（1971）	6.1	29.3（1973）	5.01	30.8（1974）	0.77	38.5（1973）	3.82	25.7（1976）	0.52	16.3（1989）	2.81
7000	50.7（1974）	1.77	24.7（1977）	-4.18	33.6（1977）	2.94	41.8（1976）	2.78	—	—	22.6（1992）	3.90

资料来源：联合国教科文组织《统计年鉴》。

（二）我国正处在出版业发展的"黄金阶段"

研究发现，多数研究对象在人均 GDP 1 000 ~ 3 000 美元阶段，出版业的发展速度较快，美国、英国、法国、德国四个国家的印刷出版业，在 20 世纪 50 年代、60 年代的增长速度均高于同期 GNP 的增长，但在进入 70 年代以后，即人均 GDP 超过 3 000 美元以后，印刷出版业的增长速度开始低于 GNP 的增长。可以说，"全面小康"阶段是印刷出版业发展的"黄金阶段"。

我国已经进入人均 GDP 由 1 000 美元向 3 000 美元挺进的阶段，在这个阶段，出版业的发展速度保持在较高的水平之上，应当抓住这个机遇期，以政策促进出版产业更快发展。

二、固定价格制度是保证图书出版持续增长的有效途径

(一) 出版业与 GDP 的相关性研究

出版业的发展与政治、经济、文化有密切关系，与人口数量、人口结构等也有很大的关系。从选定的几个国家来看，第二次世界大战以来政治制度变化不大，人口数量虽然普遍增长，但多数增速较慢，除美国从 1948～2002 年的人口将近翻一番外，其他几个国家 30 多年间人口仅增长二三千万，可以说人口等因素对出版业的影响相对来说较小。因此，在相关性的研究中，我们主要研究 GDP 的变化与出版业的关系。

通过对美、英、法、德、日、韩几个国家 GDP 与出版业相关指标的相关性研究，我们发现，他们有共同的规律：各国的印刷出版产值、增加值、印刷出版固定资产总额、图书种数、居民消费印刷和书写纸量、居民消费新闻纸量与人均 GDP 呈高度或者中度正相关。这说明随着人均 GDP 的增加，出版业的产值或增加值会同步增长，图书品种会同步增加，新闻纸和书写纸的用量也会同步上升。

各国 GDP 与出版业相关性的主要情况如下：

美国：印刷出版业产值、图书种数与人均 GDP 表现出高度的正相关，期刊种数（13）、日报种数与人均 GDP 表现出中度正相关。

英国：印刷出版业产值、增加值、印刷出版固定资产总额、图书种数、图书新品种数、图书销售额（13）、居民平均消费新闻纸数量、居民平均消费书写和印刷纸量和人均 GDP 呈现高度正相关。

法国：印刷出版业产值、增加值、印刷出版固定资产总额、图书种数、当年新书品种数、居民消费印刷和书写用纸量与人均 GDP 呈高度正相关，图书发行量、居民消费新闻纸量与人均 GDP 呈中度相关，重印再版图书出版品种（9）与人均 GDP 呈低等相关。

德国：印刷出版业产值、增加值、印刷出版固定资产总额、图书种数、当年新书品种数、期刊发行量、居民消费印刷和书写用纸量与人均 GDP 呈高

度正相关，居民消费新闻纸量、图书印数与人均 GDP 呈中度正相关。

日本：印刷出版业产值、增加值、印刷出版固定资产总额、图书发行量、日报发行份数、每千人拥有日报数、报纸广告额、出版社数、居民平均消费新闻纸数量、居民平均消费书写和印刷纸量和人均 GDP 呈现高度正相关，图书种数、当年新书品种数、图书销售额呈中度正相关。

韩国：印刷出版业产值、增加值、印刷出版固定资产总额、当年新书品种数和人均 GDP 呈现高度正相关，图书种数、图书印数、日报种数与人均 GDP 呈现中度正相关。

而英美等国家出版业目前的发展情况表明，虽然出版业产值增长十分显著，但出版业产值在 GDP 中所占比例没有显著变化，基本维持在 1％～4％，在几个比例略有增长的国家之中，出版业产值在 GDP 中的增长比例都没有超过 1％。这说明两个问题：一是出版业产值或增加值的增长速度与 GDP 的增加速度基本保持同步增长或略高于 GDP 的增长速度，因为这个期间各国 GDP 增长速度还是比较快的，出版业要保持在 GDP 中的比例不下降，其发展只能是快速的。

各国出版业产值在 GDP 中比例的情况。

美国：从 20 世纪 60 年代到 90 年代，美国出版业产值在 GDP 中比例基本保持在 2％～3％，其中，在 20 世纪 70 年代所占比例最低，一度跌到 2.5％以下，80 年代中期较高，曾经接近 3％，见图 7-8。

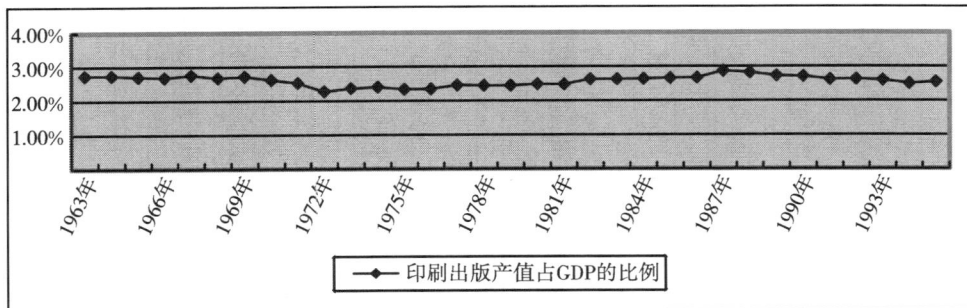

图 7-8 1963～1993 年美国印版出版产值占 GDP 的比例

英国：出版业产值在 GDP 中的变化不大，呈现的是一条直线，出版业产值占 GDP 比例基本维持在 3％左右，其中 20 世纪 70 年代略低于 3％，80 年代以后略高于 3％，见图 7-9。

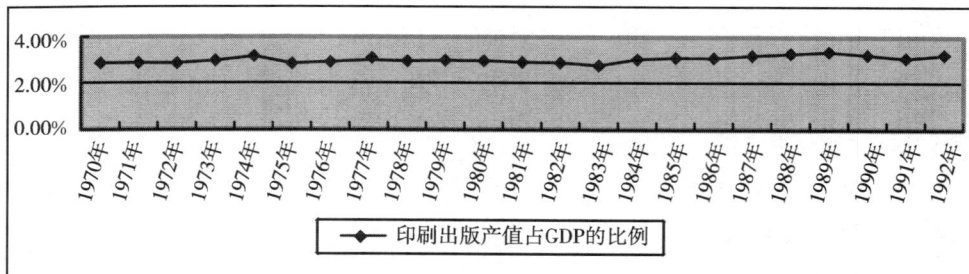

图 7-9　1970～1992 年英国印刷出版产值占 GDP 的比例

法国：法国出版业在 GDP 中的比例起伏较大。在 20 世纪 70 年代至 80 年代中期较低，基本在 1.5％左右，80 年代中期以后增长到 2.5％，见图 7-10。

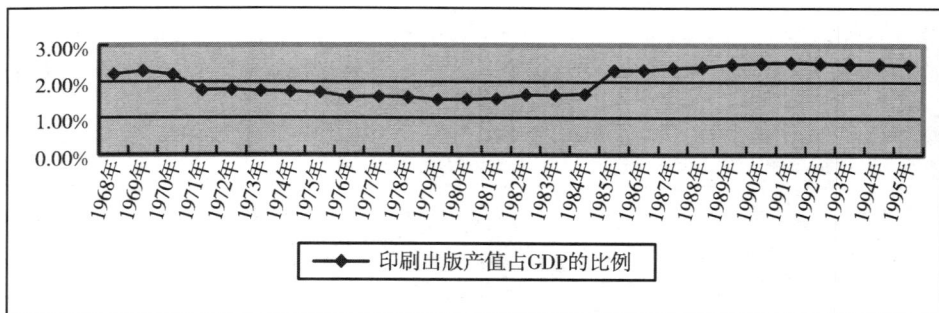

图 7-10　1968～1995 年法国印刷出版产值占 GDP 的比例

德国：德国出版业产值在 GDP 中的比例不高，基本维持在 1.25％～1.5％，是几个国家中出版业产值比例最低的国家，见图 7-11。

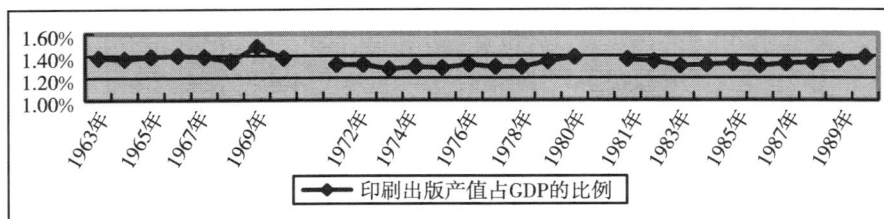

图 7-11 1963～1989 年德国印刷出版产值占 GDP 的比例

日本：出版业产值在 GDP 中的比例比较高，在 3％左右，见图 7-12。

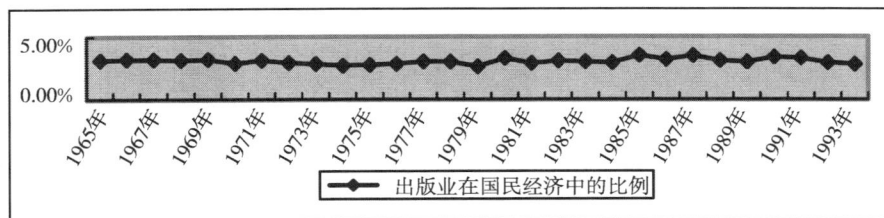

图 7-12 1965～1993 年日本印刷出版业产值在国民经济中的比例

韩国：出版业产值在 GDP 中比例在 1％～2％，见图 7-13。

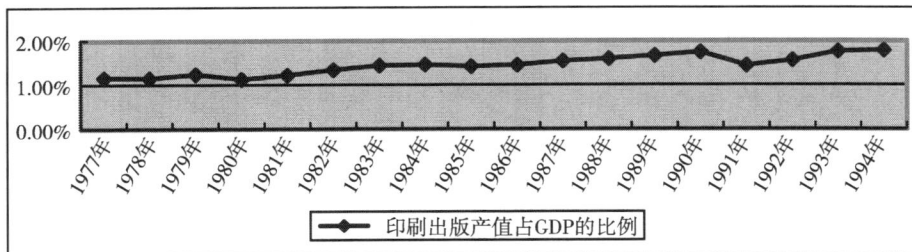

图 7-13 1977～1994 年韩国印刷出版产值占 GDP 的比例

(二) 我国出版业与 GDP 的关系

研究表明，2002～2007 年，我国年均 GDP 增长 10.06％，而图书出版定价总金额的年均增长率是 5.29％，这些年我国图书出版的增长率一直较低，平均增长率远低于 GDP 的增长率，这不符合出版业发达国家的出版业产值或增加值的增长速度与 GDP 的增加速度基本保持同步增长或略高于 GDP 的增长速度的规律，说明目前我国 GDP 增长速度比较快，但出版业的发展远远没有跟上 GDP 的发展，所以，应出台相关的政策扶植我国出版业的发展。

三、固定价格制度是现阶段建立有秩序的图书市场必需的选择

京东和当当持久价格战表明网络书店售书无依据的图书市场的乱状，折射出我国图书市场的法制建设是滞后的，没有规范的。而法、德、日等采取图书定价制度的国家为了保证公平竞争，在图书的销售环节，通过行业协会制定行规行约，强制性实行定价销售的规则，以保证大小书店获得同等的生存条件，读者在不同地域时间获得同等的待遇，从而形成平等有序的市场秩序。即使是英、美等采取自由售价的国家，虽然其零售商在批发价的基础上自由加价销售，但是由于这些国家图书市场成熟、竞争有序，其自由定价的实施只体现在部分畅销书的降价促销和一些有保留价值的过期书的低价二次流通，以及网上书店的优惠上，绝少见到书店全场八折、七折，教辅五折的荒唐举措。

中国书业市场价格体系的完善，首要的是要建立定价销售的制度。只有完善的图书定价制度，才能根本解决国内书业现阶段混乱的局面，把我国书业中这种惨烈的不正当竞争逐步引向图书质量和服务质量的竞争上。

四、定价销售制是实体书店可持续发展的根本保证

图书网络销售渠道新一轮的价格战狂潮使实体书店的利润已经被冲击到了冰点。这样下去，未来还会有国美等一系列大型商家介入图书行业，文化已经失去了原有的味道。为了保持文化多样性，免于图书成为网络销售单位抢占市场的工具，实体书店急需政府给予支持和保障，而图书固定价格制度恰恰是其根本手段，因为图书固定价格制度是一种控制图书零售价格的市场机制，在维持实体书店方面起到关键作用。

第二节　我国确立图书定价制度的可行性分析

一、行业协会图书定价制度的有益实践

针对当当和京东惨烈的价格战，2010 年，行业人士建议政府应尽快出台相关的法规、条例，保证图书市场健康有序地发展。同年，中国出版工作者协会、中国书刊发行业协会和中国新华书店协会出台《图书公平交易规则》（以下简称《规则》），《规则》规定，出版一年内的新书（以版权页出版时间为准），进入零售市场时，须按图书标定实价销售。经销商在一些特殊情况下可进行优惠促销，但优惠价格不得低于版权页定价的 85％。特殊情况包括团购、网上书店或会员制销售，以及在全国性图书交易博览、订货、展销活动和省、自治区、直辖市新闻出版局备案的地方性或专业性图书订货、展销活动中，在国家法定节假日及新闻出版行政部门组织的重大活动期间也可优惠促销。然而《规则》引起众多争议和抵制。当当称"八五折"条款"不具有可操作性"，"将等待细则出台后再研究实施"。当当表示他们一贯主张"自由定价"，在不低于成本，不违反《反不正当竞争法》的前提下，商业企业自主定价，给顾客最大的优惠。特别是畅销书，上下游都需要在短时间内通过比较低的折扣产生最大的销售额，当当网的许多畅销书、新书折扣都比较低，都是低于八五折销售的。出版一年内的新书占当当网整体销售的30％，其中有一半售价低于八五折，如实施"八五折限折令"，这部分图书的销量会受到一定的影响。当当还表示，消费者是否能够接受"限折令"，也许需要一个漫长的过程。但有的业内人士甚至是网络书店的高管将其看作治理"高书价、低折扣"的良策，积极拥护。

虽然《规则》以失败而告终，但它毕竟显示出业内人士对我国不断升高的书价、持续走低的折扣、图书销售领域的不理性的价格战导致市场混乱的现象予以重视，并致力解决。这是图书定价制度在我国确立的有益的尝试，

它的推出，表明了图书定价制度在我国实施虽然有一定的阻力，但还是具备一定的可操作性和可行性的。

二、图书发行领域的大力支持

针对图书批发和零售单位对我国图书定价制度的实施，本书作者分别在中关村的海淀图书城、乌鲁木齐新疆出版物交易中心和伊宁市图书零售店展开调研。受访对象是从事图书批发、零售的经营者，我们围绕图书发行的问题展开调研，了解目前实体书店的经营状况及其对图书定价制度的态度。

（一）图书批发商

针对是否支持图书定价制度的问题，图书批发商认为出台相关的法规规范图书流通市场非常有必要，支持这项制度出台的占 100％的比例（见图7-14）。但是，80％的支持者仍对这项法规出台后能否顺利实施表示担忧，发行商们均认为目前中国缺乏完善的监管体制，法规出台如果缺乏有效的监管体制，法规则成为一纸空文。

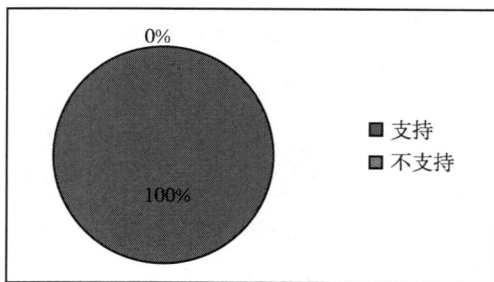

图7-14 图书批发商对图书定价制度出台的支持率

（二）实体书店

对于是否支持图书定价制度的问题，100％的受访实体书店表示支持，希望国家能够出台合理的法规政策规范图书发行市场，避免目前出现的恶性竞争、实体书店受到严重冲击的状况。

（三）网络书店

网络发行商认为，目前实体书店的困境主要来自运营成本的上升，包括管理不当、诚信机制的缺失等。而目前网络书店打折销售之势愈演愈烈也是各个发行商之间过度竞争的结果。就京东来说，网络图书销售没有真正的盈利过，占领市场的意义远大于盈利的意义。当当、亚马逊以及京东都有自己的自动比价系统，这套系统也直接导致了不同的图书网络发行商之间恶性竞争。所以，如果国家能出台政策规范市场，网络发行商还是支持现价销售的，尤其是一些专业类图书和工具书，网络发行商也并不希望都以打折的形式销售。

调研结果显示，网络图书发行商对于图书定价制度的态度是积极的。有将近70％的受访者认为国家出台政策有助于规范图书销售市场，推进国内图书业的健康发展（见图7-15）。

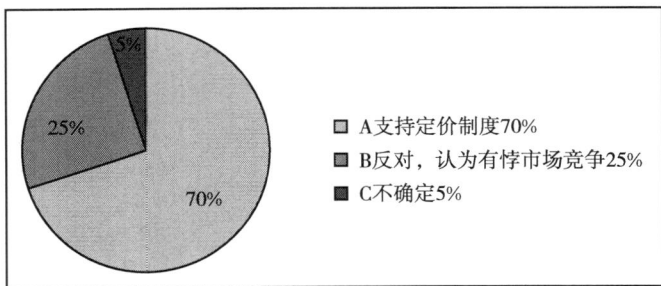

25%
5%
70%

A支持定价制度70%
B反对，认为有悖市场竞争25%
C不确定5%

图7-15　网络图书发行商对图书定价制度的态度

三、图书出版者

本次调研主要针对当前在国家未出台相关法律法规或者制定行业制度的情况下出版社如何确定图书定价的问题，在此基础上进一步探讨了出版社对待图书固定价格制度的态度，以及图书固定价格对出版社所产生的影响。调研以访谈形式展开，将外语教学与研究出版社作为主要研究对象，分别采访了10位外研社各部门成员，有高层领导、部门主任、责任编辑、市场经理等，他们在图书行业工作多年，拥有丰富的图书编辑和营销发行经验。

对于是否支持图书固定价格制度的问题，出版社的意见相对统一，大多数表示支持（见图7-16），是否定价对于出版社来说有一定的利益牵连，并且从我国出版行业的长远发展来看，图书定价对于规范图书市场未尝不是一种可行性的举措。

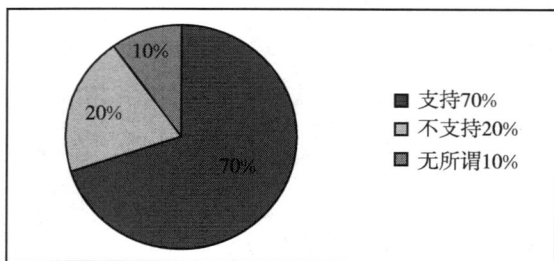

图7-16　出版社对图书定价制度出台的支持情况

部分出版社工作人员认为，出版社目前给网上书店的折扣较低，虽然折扣率在出版社所能承受的范围之内，但利润相对微薄。如果国家制定图书定价制度，那么对出版社来说，图书的销售利润会有一定程度的提高。

还有受访者表示，如果国家要制定固定价格制度，必然会对当前的图书定价方式有所影响，因此，有待图书定价指导，确定适当的定价模式。

另外，从出版行业长远发展的角度出发，很多受访工作人员认为，图书定价制度实际上是为图书营销制定规则，这在一定程度上可以调整目前较为混乱的图书销售市场，规范实体书店和网络售书的合理性。现在很多实体书店受到网络书店的严重冲击，仅靠微薄的利润和销售量几乎不足以承受实体经营的经济负担。低廉的图书价格、便捷的购书途径虽然对消费者而言是有利的，但对于实体书店乃至我国的图书市场的影响是深远的。因此，通过图书定价的方式来平衡实体售书和网络售书的差距，目前看来是一项具有可行性的举措。同时，在大力倡导全民阅读的良好社会环境下，实体书店可以另谋出路，比如开设特色书店，通过一些特定的方式去吸引消费者，来抵御网络的大潮。

最后，就我国目前缺乏完善的监管体制情况来看，受访者对于定价制度的实施也表现出担忧。

四、图书消费者的态度

针对民众是否支持图书定价制度出台的调查中，假设国家出台法规或制度，新书上市某一段时间内（例如上市半年内），零售最低折扣不能低于八五折，测量民众的态度。从调查结果看，36％的受访者支持该法规的出台，44％的受访者不支持该法规出台，有20％的受访者对这一制度的出台感觉无所谓（见图7–17）。

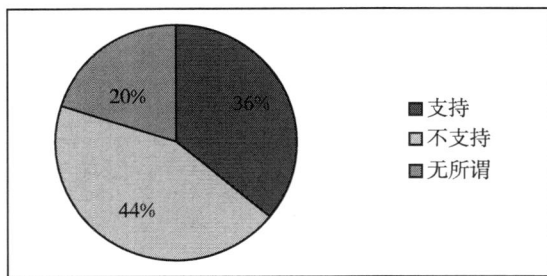

图7–17　民众对图书定价制度出台的态

由此可见，图书出版、发行领域的从业人员大都赞同图书固定价格制度的出台，只有少数民众担心网络书店带来的优惠会一去不复返，反对政策出台，但从图书出版业长期健康的发展来看，少数利益应服从多数利益。

第八章　我国图书固定价格制度的构建及其影响

第一节　我国图书固定价格制度的构建

由《图书公平交易规则》的实施困境可以看出，我国的图书定价制度不能采用图书固定价格协议的方式，应当采用国家立法的形式，但由于国内现在还没有一部完善的《出版法》，对出版行业的行政管理都以行政法规会、部门规章的形式出现的，所以，应积极推动国家最高的出版行政管理部门推出部门规章，以确认我国的图书固定价格制度。除此之外，出版商、发行商、书商等行业协会应出台行业自律规范，这对图书定价制度的具体实施将是一个有益的补充。在固定价格制度确立的同时，政府还应出台相应的出版商和书商的税收减免措施。

一、传统图书固定价格制度

（一）图书固定价格制度的主要内容

我国的图书固定价格制度条例首先要确立图书固定价格制度，明确规定新版图书出版一年（以版权页出版时间为准）内或两年内，进入零售市场时，须按图书标定的价格销售，不得打折销售。其次，要详细规定经销商可以进行优惠促销的具体折扣率（如不得低于版权页定价的90％）以及可以进行优惠促销的具体情况：机关团体采用竞标方式采购时；经新闻出版总署批准举办的全国性图书交易博览、订货会、展销活动和省、自治区、直辖市新闻出版局备案的地方性或专业性图书订货、展销活动；国家法定节假日及新闻出版行政部门组织的重大活动期间，不得低于版权页定价的90％。

（二）增值税、营业税的减免

国际上很多实施图书定价制度的国家都进行了增值税、营业税的减免（见表 8-1）。我国在图书定价制实施的过程中，为了增加图书出版者和消费者的支持，应当采取增值税和营业税的减免方式，这样可以使出版社的图书定价更加合理，同时消费者也将获得一定的实惠。从国际上实施图书定价制度的国家来看，增值税的减免是施行图书统一价格制度的配套方式，以免除增值税的途径，来推广大众阅读的机会。

表 8-1　2011 年对图书税率的全球调查

类别	增值税/服务税/营业税类别	符合此类别的国家数量	
		纸质图书	电子图书
I	全免	14（-1/2010）	7（+1/2010）
II	全部按照减税标准	32（-1/2010）	3（=/2010）
III	减税或者全免，限制适用	31（+5/2010）	27（+9/2010）
IV	不享受减免，按照标准税率征收	11（-2/2010）	39（-12/2010）
V	政策不明	0（-1/2010）	12（+2/2010）

国家和地区	基本税率	对图书是否有特殊待遇	特殊待遇的范围	类别	对电子图书是否有特殊待遇	特殊待遇的范围	类别
				亚洲/太平洋			
澳大利亚	10	没有	无	IV	没有	无	IV
中国	13	免税或2%或13%	限制适用	III	13%	限制适用	III
斐济	15	免税或0%	限制适用	III	没有	无	IV
印度	13.5	免税（德里）	所有的书	I	免税（德里）	所有的电子出版物（德里）	I
印度尼西亚	10	免税	限制适用	III	没有	无	IV

国家和地区	基本税率	对图书是否有特殊待遇	特殊待遇的范围	类别	对电子图书是否有特殊待遇	特殊待遇的范围	类别
伊朗	1.5	免税	所有的书	I	尚不明确	尚不明确	V
日本	5	免税或5%	限制适用	III	超出范围	限制适用	III
韩国	10	免税	所有的书	I	免税	所有的电子出版物	I
新西兰	15	没有	无	IV	没有	无	IV
巴基斯坦	17	没有	限制适用	III	没有	无	IV
菲律宾	12	免税	所有的书	I	尚不明确	尚不明确	V
新加坡	7	没有	无	IV	没有	无	IV
中国台湾	5	免税	限制适用	III	没有	无	IV
泰国	10	免税	所有的书	I	免税	限制适用	III
越南	10	免税或5%	限制适用	III	免税或5%	限制适用	III
欧洲和高加索							
亚美尼亚	20	免税	限制适用	III	没有	无	IV
奥地利	20	10%	所有的书	II	没有	无	IV
阿塞拜疆	18	免税	限制适用	III	没有	无	IV
比利时	21	6%	所有的书	II	没有	无	IV
波斯尼亚	17	没有	无	IV	没有	无	IV
保加利亚	20	免税	限制适用	III	没有	无	IV
克罗地亚	23	0%	限制适用	III	0%	所有的电子出版物	II
塞浦路斯	15	5%	所有的书	II	没有	无	IV
捷克	20	10%	所有的书	II	没有	无	IV
丹麦	25	没有	无	IV	没有	无	IV
爱沙尼亚	20	9%（或0%）	所有的书	II	没有	无	IV

国家和地区	基本税率	对图书是否有特殊待遇	特殊待遇的范围	类别	对电子图书是否有特殊待遇	特殊待遇的范围	类别
芬兰	23	9％	所有的书	II	没有	无	IV
法国	19.6	5.5％	所有的书	II	5.5％	限制适用	III
格鲁吉亚	18	免税	所有的书	I	免税	所有的电子出版物	I
德国	19	7％	所有的书	II	没有	无	IV
希腊	23	6.5％	限制适用	III	没有	无	IV
匈牙利	25	5％	所有的书	II	5％	限制适用	III
冰岛	25.5	7％	所有的书	II	7％	限制适用	III
爱尔兰	21	0％	所有的书	II	没有	无	IV
意大利	20	4％	所有的书	II	没有	无	IV
拉脱维亚	22	12％	所有的书	II	没有	无	IV
立陶宛	21	9％	所有的书	II	没有	无	IV
卢森堡	15	3％	所有的书	II	3％	限制适用	III
马其顿	18	5％	所有的书	II	没有	无	IV
马耳他	18	5％	所有的书	II	没有	无	IV
荷兰	19	6％	所有的书	II	6％	限制适用	III
挪威	25	0％	所有的书	II	0％	限制适用	III
波兰	23	5％（从2011年3月1日起）	所有的书	II	5％（从2011年3月1日起）	限制适用	III
葡萄牙	23	6％	所有的书	II	6％	限制适用	III
罗马尼亚	24	9％	所有的书	II	9％	限制适用	III
俄罗斯	18	10％	限制适用	III	没有	无	IV
塞尔维亚	18	8％	所有的书	II	8％	所有的电子出版物	II
斯洛伐克	20	10％	所有的书	II	没有	无	IV

续表

国家和地区	基本税率	对图书是否有特殊待遇	特殊待遇的范围	类别	对电子图书是否有特殊待遇	特殊待遇的范围	类别
斯洛文尼亚	20	8.5％	所有的书	II	8.5％	限制适用	III
西班牙	18	4％	所有的书	II	4％	限制适用	III
瑞典	25	6％	所有的书	II	6％或3％	限制适用	III
瑞士	8	2.5％	限制适用	III	没有	无	IV
土耳其	18	8％	所有的书	II	8％	限制适用	III
乌克兰	20	免税	限制适用	III	免税	限制适用	III
英国	20	0％	所有的书	II	没有	无	IV
中东和北非							
阿尔及利亚	17	7％	所有的书	II	没有	无	IV
埃及		免税	所有的书	I	超出范围	所有的电子出版物	I
以色列	16	免税	限制适用	III	没有	无	IV
约旦	16	免税	限制适用	III	尚不明确	尚不明确	V
黎巴嫩	10	免税或0％	限制适用	III	没有	无	IV
摩洛哥	20	免税	所有的书	I	免税	限制适用	III
突尼斯	18	免税	限制适用	III	没有	无	IV
也门	5	没有	无	IV	没有	无	IV
非洲							
博茨瓦纳	12	没有	无	IV	尚不明确	尚不明确	V
喀麦隆	19.25	免税	所有的书	I	免税	所有的电子出版物	I
加纳	12.5	免税或0％	限制适用	III	免税或0％	所有的电子出版物	I
肯尼亚	16	免税或0％	限制适用	III	免税或超出范围	限制适用	III

国家和地区	基本税率	对图书是否有特殊待遇	特殊待遇的范围	类别	对电子图书是否有特殊待遇	特殊待遇的范围	类别
马拉维	16.5	免税或0%	限制适用	III	免税或0%	限制适用	III
毛里求斯	15	0%	所有的书	II	0%	所有的电子出版物	II
莫桑比克	17	免税	限制适用	III	尚不明确	尚不明确	V
纳米比亚	15	没有	IV	没有	无	IV	
尼日利亚	5	免税	所有的书	I	尚不明确	尚不明确	V
塞内加尔	18	免税	所有的书	I	免税	所有的电子出版物	I
南非	14	没有	无	IV	0%	限制适用	III
坦桑尼亚	18	免税或0%	限制适用	III	尚不明确	尚不明确	V
乌干达	18	0%	限制适用	III	没有	无	IV
津巴布韦	15	免税或0%	限制适用	III	尚不明确	尚不明确	V
拉丁美洲							
阿根廷	21	免税	限制适用	III	尚不明确	尚不明确	V
玻利维亚	13	没有	无	IV	没有	无	IV
巴西	18	免税	所有的书	I	尚不明确	尚不明确	V
哥伦比亚	16	免税	限制适用	III	免税	限制适用	III
厄瓜多尔	12	0%	所有的书	II	0%	限制适用	III
墨西哥	15	免税或0%	限制适用	III	尚不明确	尚不明确	V
巴拿马	7	免税	限制适用	III	没有	无	IV
秘鲁	19	免税	限制适用	III	免税	限制适用	III
乌拉圭	22	免税	所有的书	I	0%	限制适用	III
委内瑞拉	12	免税	所有的书	I	尚不明确	尚不明确	V

续表

国家和地区	基本税率	对图书是否有特殊待遇	特殊待遇的范围	类别	对电子图书是否有特殊待遇	特殊待遇的范围	类别
北美洲							
加拿大	5%商品及服务税或13%销售税	没有	无	IV	没有	无	IV

二、电子书固定价格制度的构建

我国的电子书市场发展还不够完善，盗版现象比较严重，非授权图书和免费图书是我国电子书个人消费市场的主体，付费阅读的观念还没有形成。这种情况下，如果电子书定价过高，势必会引起正版电子书读者的流失，定价低了又会影响出版者的经济效益，影响印刷版图书的销售，所以电子书的定价机制在我国尤其重要，处理不好将会严重阻碍我国电子书市场的发展。

我国电子书价格制度的确立既要考虑到短期内公众的接受程度，也要考虑到电子书长期稳定的发展，既要兼顾个人利益，也要兼顾出版社和社会利益。从电子书阅读市场的实际情况出发，可以采取"先低后高"的固定价格制度。所谓"先低后高"的固定价格制度，是指在我国公民还没有养成付费阅读习惯的情况下，电子书的价格由出版社统一制定，网络零售商不得对此价格进行任何形式的变更。在固定价格制度实施的初期，出版社应采取"低定价"的原则（一般一本电子书不应超过10元)，以培育我国公民付费阅读的习惯。当消费者逐渐接受了付费阅读方式以后或电子书市场逐步稳定后，出版社可以逐步过渡到"高定价"（超过10元每本）以满足出版社盈利的需要。电子书的低价格可以使拥有电子书阅读器的公众愿意付费阅读，远离盗版。如果一开始对电子书采取高位定价，会导致大量潜在电子书读者用户的流失，固定价格将避免电子书网络零售商为抢占市场的恶性竞争，保证正版电子书市场的良性发展。而电子书市场稳定后的高定价主要保证出版社的经济效益，以鼓励出版社出版图书的多样性，保证我国文化的多样性，真正意义上保证图书消费者的长远利益和社会利益。

第二节　图书固定价格制度对我国出版业正反面影响的认知

一、图书固定价格制度对我国出版业的正面影响

（一）增加图书出版品种

图书固定价格让出版商可以平衡风险与机会，经由畅销书和长销书所赚得的盈余，可以拿来投资推销新的作家，或者去进行文学试验，例如新形态的文学作品。另外，交互资助和税收减免可以为小众市场的读者出版图书或者增加学术图书的出版。经各国的实践表明，如果没有图书统一定价制度，小众图书的作者很难找到愿意为他们出版的厂商，因为出版商主要要面对激烈的价格竞争来出版大众市场的图书。

（二）保护实体书店，营造良好的文化氛围

图书固定价格制度将很大程度上避免我国图书价格战的产生，减少网络书店的优势，平衡网络书店和实体书店的利益，让小型书店、独立书店得以生存，免于大规模的倒闭。为我国民众营造图书阅读场所，这样，实体书店可以将图书提供到偏远的地方，尤其是运费高、一级读者密度低的地方，以提高偏远地区的民众接触图书的阅读兴趣，提升文化素养。

（三）增加文化多样性

国际出版协会认为，图书固定价格制度被认同的主要原因是图书不只是一种商品，对社会来说，是一种文化财产，对于社会发展是一个必需品，而图书固定价格机制可以支持图书多元性发展，对于文化发展有正面帮助。经济学家和图书业认为，图书定价是唯一能够保证发行困难、有文化价值的图书顺利出版的手段。如果允许图书在销售过程中大降价，那么，那些难于出版的学术性著作、非畅销书的销售就会受到压制，专营这些图书的书店老板必然亏本，从而导致书店被挤垮，非畅销书的出版更加困难。

（四）保证电子书市场健康有序发展

在电子书快速发展的今天，为了避免电子书价格竞争乱象，保护出版商的经济利益和社会公众的利益，固定价格制度将会避免网络零售商对电子书乱定价、为抢占市场的低价销售以及免费提供等严重影响电子书市场健康发展的行为，为版权保护意识还不够高的我国电子书市场保驾护航。

二、图书固定价格制度对我国出版业的负面影响

（一）图书购买者的短暂抵制

根据研究组对我国民众的图书购买习惯和阅读习惯的分析可以看出，由于我国图书购买者享受了长期的大幅打折促销的图书优惠，如果定价制度出台，可能会有些读者抵制，认为自己买不到便宜的书了。

在对图书价格是否影响民众的购买行为分析中，从图8-1可以看出，54%的民众认为图书价格的高低不是影响其购买图书的主要因素，46%的民众认为图书价格的高低影响其购买行为。这项调查的两项结果数据比较相近，但是我们在对54%否认价格影响其购书的群体深入调查发现，这类群体购书的主要目的是学习和考试，这类群体的购买目的明确，因此，价格高低不是影响其购书的主要原因。在对46%认为价格影响其购买的群体的调查发现，这类群体购书的主要目的是消遣娱乐和收藏，这类群体的的购书目相对不明确，价格的高低影响其购买。

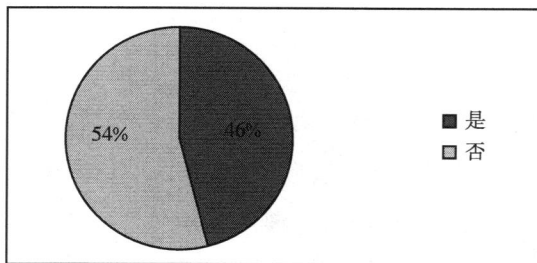

图8-1　图书价格是影响您购书的主要因素么?

　　针对购买图书构成是否打折的问题，78％的受访者表示购买图书的过程中享受了折扣，22％的受访者在购买图书过程中是按原价购买（见图8-2）。通过对这22％的人群进行分析发现，这类人群中大部分倾向于在实体书店购买图书，实体书店在图书销售过程中的折扣不明显，使该群体认为购书时没有享受折扣。

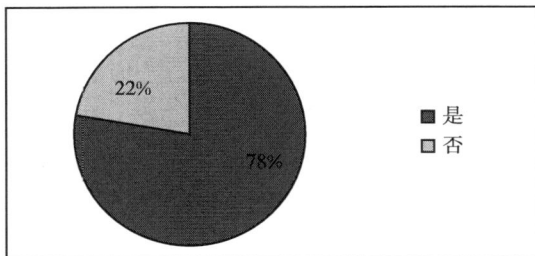

图8-2　购买图书过程中图书是否打折？

　　对购书过程中享受折扣的民众进行进一步数据统计发现，其中42％的民众享受到的最低折扣是三至五折，有30％的民众享受到的最低折扣是五至七折（见图8-3）。从数据可以看出，目前图书在零售过程中打折销售的现象非常普遍。

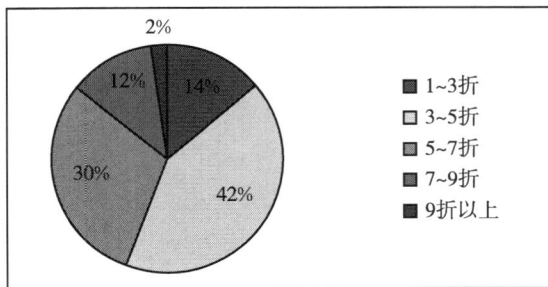

图8-3　购书过程中享受到的最低折扣是多少？

民众对目前的图书定价合理程度可以从图8-4中看出，54％的民众认为目前图书定价偏高；38％的民众认为目前图书定价合理；8％的民众认为目前图书定价偏低。数据显示，大部分受访者认为图书售价偏高，同时，有受访者认为出版社的图书定价不合理，认为一些图书的质量和售价不成正比。

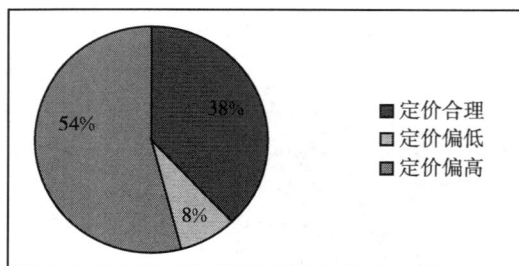

图8-4　民众对图书定价合理程度的态度

根据民众图书购买途径习惯调查显示，86％的受访者倾向于在网络书店购买图书，14％的受访者倾向于在实体书店购买图书（见图8-5）。

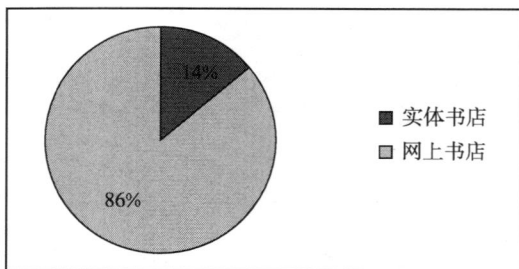

图8-5　民众图书购买途径

对86％倾向于在网络书店购买图书的受访者展开调查我们发现，配送方便、价格低、图书种类多和节约时间依次是该群体选择网上书店购书的原因（见图8-6）。

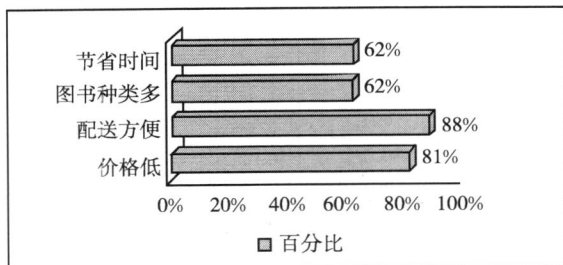

图8-6　倾向网络书店购书的原因

由上述分析可见，我国有接近一半的图书购买者的购书行为受到图书价格的影响，所以，对习惯了打折购书的民众来说，可能会出现暂时的价格抵制现象。

（二）以图书为主营内容的网络书店的抵制

《图书公平交易规则》出台后就引起众多争议和抵制，当当称《规则》的"八五折"条款"不具有可操作性"，"将等待细则出台后再研究实施"。当当表示他们一贯主张"自由定价"，在不低于成本，不违反《反不正当竞争法》的前提下，商业企业自主定价，给顾客最大的优惠。特别是畅销书，上下游都需要在短时间内通过比较低的折扣产生最大的销售额，当当网的许多畅销书、新书折扣都比较低，都是低于八五折销售的。出版一年内的新书占当当网整体销售的30％，其中有一半售价低于八五折，如实施"八五折限折令"，这部分图书的销量会受到一定的影响。当当还表示，消费者是否能够接受"限折令"，也许需要一个漫长的过程。这说明《条例》出台后也有可能受到网络书店的抵制，但税收的减免会很大程度上弥补网络书店的损失，增加市场公平竞争的机会。

（三）图书销量的短期下滑

由于民众的短期抵制，可能会造成图书销量的短期下滑及库存的增加。

（四）限制自由竞争

同所有倡导自由竞争人士对固定价格制度的质疑一样，固定价格制度确实在一定程度上限制了市场的充分竞争，使市场的很多参与者免于优胜劣汰。

第九章　研究结论

　　本研究表明采取固定价格制度还是自由价格制度取决于一个国家对文化保护的态度，固定价格制度虽然遭到秉承自由、竞争的自由价格制度拥护者的各种质疑，但它对保护文化多样性、保护中小书店的生存、保护专业图书的出版、促进一个国家的文化发展等方面发挥着积极作用。

　　在我国出版业发展的黄金阶段，在我国出版业的发展与 GDP 发展不一致的情况下，我国应该适时采用固定价格制度为出版业发展规避困难，权衡公众短期利益和长期利益，少数网络销售集团与大量中小型书店利益，尽量减少我国出版业界的印刷版图书以及电子书的价格乱象，保障出版社利益，以期更多更好的图书得以面世，保护文化多样性，满足我国公民的精神生活需求，形成良好的文化氛围。

附录1 欧共体转售价格维持的相关立法及解析

一、欧共体转售价格维持的相关立法

在欧共体竞争法中，规制限制竞争协议的基本法律依据是《欧共体条约》第81条。该条内容如下：

1. 所有可能影响成员国间的贸易，并以阻碍或扭曲共同市场内的竞争为目的或有此效果的企业间协议、企业协会的决议和一致行动，均被视为与共同市场不相容而被禁止，尤其是下列行为：

（a）直接或间接地固定购买、销售价格，或其他交易条件；

（b）对生产、销售（markets）、技术开发和投资进行限制或控制；

（c）划分市场或供应来源；

（d）对同等交易的其他贸易伙伴适用不同的条件，从而使其处于不利的竞争地位；

（e）使合同的缔结取决于贸易伙伴对额外义务的接受，而无论是依其性质或按照商业惯例，该项额外义务均与合同的标的无关。

2. 为本条所禁止的协议或决议自动无效。

3. 但下列协议、决定或一致行动，如果有利于改善产品的生产或销售，或有利于促进技术和经济进步，同时使消费者能公平分享由此产生的利益，并且（a）不对企业施加对这些目标之实现并非必不可少的限制；（b）不致使企业有可能在相关产品的重要部分消除竞争，则第（1）项的规定不适用：

——企业间的任何一项协议，或企业间任何种类的协议；

——企业协会的任何一项协议，或任何种类的协议；

——任何一项一致行动，或任何种类的一致行动。

尽管该条条文仅有 464 个字（译成中文后），但是，经过半个世纪的实践，欧共体委员会在适用过程中，发布了大量的成批豁免条例、指南与通告，对其执行欧共体竞争法的方法、标准、解释进行详细说明。

从内容上看，该条并未区分横向限制竞争协议和纵向限制竞争协议，对于所使用的协议类型也无限制，不强调形式特征，属于总括性的规定。因此，作为纵向限制竞争行为的转售价格维持也是受该条规制的。由于该条文极具抽象性，要想弄清欧共体对转售价格维持行为是如何规制的，就必须对该条文进行一番深入的理解。

二、《欧共体条约》第 81 条（1）的分析

《欧共体条约》第 81 条（1）采用的立法模式是概括加举例式，先用抽象的语言对该类行为进行概括，指出其一般性的特征，然后再具体举出几种类型的行为，并且该举例属于无穷尽式的举例。那么，第 81 条（1）禁止的是哪一类行为呢？下面对此予以分析。

（一）"可能影响成员国间贸易"的行为

首先，我们知道，欧共体竞争政策中，单一市场的创立是主要的目标之一，因此，它调整的是有可能影响成员间贸易的行为，它关注的是在不损害成员国私有财产制度和国内竞争制度的前提下，在共同体层面上建立一个统一的共同市场和一套有效的统一竞争法制。如果产生的竞争影响仅限于某一成员国境内，则只适用该国竞争法，不属于欧共体竞争法的管辖范围。但这不属于反垄断法上的一般问题，对这一点必须明确。

其次，"贸易影响"标准强调的是影响成员国间贸易的可能性，而不是现实性。它并不要求行为对成员国间贸易产生了实际影响。只要该行为能够产生或可能产生这样的影响就要适用共同体竞争法予以考察，即使其尚未付诸实施，也未来得及产生实际影响。但认定这种"可能性"的根据，则必须是客观因素，仅仅理论上具有这种可能性，或依据主观臆测，不能作为认定

的依据。即必须是根据客观因素，包括相关的事实因素与法律因素，能充分预见到协议或行为可能会对成员间现存的竞争模式产生影响，包括直接的或间接的，实际的或潜在的影响，才构成"可能影响"，适用欧共体竞争法予以考察。

再次，虽然上述条文并未要求必须"显著"影响成员国间贸易，但是，在欧共体委员会和欧洲法院的执法实践中逐渐确立了"显著原则"或者说"法律不理细故原则"。也就是说，对那些只是轻微地影响成员国间贸易的行为，共同体竞争法并不适用。对于何谓"显著性"，法律并未提供一个确定的标准，而由委员会和共同体法院在审理中根据具体案情进行裁量，依个案情况进行评价，既有定性的考察，也要定量的考察。为了更快捷明确地判定某一行为是否构成"显著性"，委员会发布了一项通告，指出如果某行为对成员国间贸易产生的影响可忽略不计，则不在第81条管辖范围之内，该种通告被称为"宽容通告"（de minimis）。后来这一通告进行过多次修订，2001年，委员会再次发布最新的《关于不会产生〈欧共体条约〉第81条（1）意义上的显著竞争限制的无关紧要的协议的委员会通告》（以下简称《关于无关紧要的协议的通告》），对于这些协议，因为其对共同市场的贸易产生影响的能力有限，因而第81条不予适用。在本通告中，委员会借助市场份额门槛，从数量上来界定哪些协议并未产生第81条（1）意义上的显著竞争限制。但是，上述门槛也不是绝对的，如果协议中含有核心限制，即使满足市场份额门槛条件，也不视为"无关紧要的协议"。该通告将"对买方的定价自由进行限制"即转售价格维持，视为核心限制，也就是说含有该行为的协议，即使协议双方市场份额很少也不能视为无关紧要的协议，依然要对该协议是否具有"显著性"影响进行考察。同时，该通告规定，供应商固定最高销售价格对消费者是有利的，而且能防止销售商提高价格，不属于核心限制；供应商提出建议价格，只要确实仅仅具有建议性质，对买方确无约束力，当事人也没有采用各种压力或诱惑，使其成为变相的固定价格或最低价格，也不属核心限制。对于这两种行为，只要满足了通告中市场份额的要求，就可视为"无关紧要"的协议，从而不受第81条（1）的管辖。

（二）"以阻碍、限制或扭曲竞争为目的或有此效果"的行为

首先，第81条（1）禁止的是对竞争有限制性的行为。影响成员国间贸易的行为，未必都与竞争有关，而欧共体竞争法只调整对竞争产生阻碍、扭曲或限制作用的行为。限制、阻碍、扭曲这三个词虽然措辞不同，但其间并无实质性的差别，都是对竞争产生不利影响之意，因而我们可以将其统称为"限制"，欧共体竞争法实际上也是这样做的。考察某行为是否限制了竞争，既要考察其对品牌间竞争的影响，也要考察其对品牌内部竞争的影响。这两种竞争的维持都很重要，品牌间的竞争有利于维护有效竞争的市场结构，只要存在该种竞争，品牌内部的竞争即使受到限制也未必会产生十分严重的后果。但是如果品牌间的竞争不足，那么此时，品牌内部的竞争就非常重要。因此，在对行为限制竞争性进行分析考察时也要结合具体的情况具体分析。

其次，第81条（1）对行为的竞争性确立了两个标准。

第一个标准是目的标准。如果确认了某一行为是以限制竞争为目的的，那么在这种情况下不需要考察其效果如何，就可适用第81条（1）进行审查，只有当不能证明其具有这种目的时，才需要考察它是不是实际上产生了限制竞争的后果。所谓以限制竞争为目的的协议或限制是指那些就其性质而言，具有限制竞争的可能性的协议。也就是说，这类协议或限制的性质决定了，它非常有可能对竞争产生消除影响，因而不必证明其对竞争产生了实际的影响，即可对其适用第81条（1）。同时，实践也表明，这类协议具有严重的限制性，其结果是产出减少，价格提高，从而导致资源配置不当，减少消费者福利。因而当发现这类行为时，应依据第81条（1）进行审查。考察协议是否具有限制竞争的目的，要考虑许多因素，特别是协议的内容及其追求的目标，同时必须考察协议的实施环境，以及当事人在市场上的实际行为等。不过，要证明协议的目的，强调的是协议客观上将达到什么样的目标，而不必证明当事人具有这样的主观意图，即当事人具有限制竞争的主观意图，不是"以限制竞争为目的"的必要条件。

　　第二个标准是效果标准。如果不能认定协议是以限制竞争为目的，则要考察它是否有限制竞争的效果。要判明其是否有限制竞争的效果，必须进行适当的市场分析。一般说来，协议要具有限制竞争的效果，当事人的累积市场力量必须相当强大，使其能在相当长的时间内，将价格提高到竞争水平以上，或使产量、质量、品种和革新水平维持在竞争水平以下。因而，如果当事人是中小企业，或当事人的市场份额不超过前述《关于无关紧要的协议的通告》中规定的门槛，则不足以产生限制效果。但即使是超过上述门槛，也不一定会产生上述效果。究竟是不是产生了上述效果，必须根据其所处的市场环境，进行个案分析。这首先需要对相关市场进行界定，然后根据产品的性质、当事人的市场地位、竞争者的市场地位、买方的市场地位、是否存在潜在竞争者、市场进入壁垒的水平等，进行具体分析。

　　由上述两大点可知，对于一项转售价格维持行为，要看它是否为第81条（1）所禁止，是否可能给成员国贸易造成显著的影响，如果并未造成影响或未造成显著的影响，那么该转售价格维持行为不属于第81条（1）所禁止的行为；如果经分析考察发现该转售价格维持行为可能给成员国贸易造成显著的影响，那么看它是否有阻碍、限制或扭曲竞争的目的，如果不能证明它有此目的，那么看它是否实际上产生了限制竞争的后果。如果有此后果，则该转售价格维持行为属第81条（1）所禁止的行为。

三、《欧共体条约》第81条（3）的分析

（一）第81条（1）与第81条（3）的关系分析

　　从上文可知，符合第81条（1）规定的条件则为其所禁止的行为，那么是不是任何被第81条（1）所禁止的行为，都将受到法律的制裁与处罚呢？事实上并不是这样。我们必须认清第81条（1）的性质，它并不是评判是非曲直的标准，而是用于明确第81条的适用范围，因而是一条管辖权规范。也就是说，凡符合第81条（1）规定的条件的行为，都由第81条管辖，至于该行为是否受到处罚则由委员会依据一定的实体标准对其合法性进行评价，而

第81条（3）就是这里所说的实体标准。凡是符合第81条（3）规定的四个豁免条件的行为都将被豁免，不会被禁止。由此可见，违反第81条（1）是适用第81条（3）的前提，而违反第81条（1）的协议如能满足第81条（3）所规定的条件，则可不受第81条（1）的禁止。第（3）项与第（1）项结合起来，才是判断限制竞争协议合法性的完整根据。对此，我们还可以打一个更形象的比喻，我们可以把第81条（1）与第81条（3）比喻为一个屋子的两扇门，分别为前门和后门，符合第81条（1）规定条件的行为，从前门进入屋内，这些行为如果符合第81条（3）所规定的豁免条件，则可以从后门出去，剩下继续留在屋子里的行为，才是应被禁止和处罚的行为。

（二）第81条（3）的内容分析

下面，我们来看看第81条（3）的内容。

第81条（3）规定了四个条件，这些条件分为两组，两个积极条件，两个消极条件：

积极条件一：有利于改善产品的生产和销售，或有利于促进技术与经济进步；

积极条件二：消费者必须能公平分享由此产生的利益；

消极条件一：这些限制对上述目标的实现来说是必不可少的；

消极条件二：协议不得使企业有可能在相关产品的重要部分消除竞争。

这四个条件必须全部满足，缺一不可，如果发现协议不能满足某一项条件，则不需要再对其他条件进行审查。如果协议满足了所有这四个条件，即视为积极效果超过消极效果，从而不受第81条（1）禁止，因为在这四个条件引导下，企业扩大利润的方式，只能是为消费者提供价廉物美的高质量的产品，这足以弥补消费者因竞争受到限制而蒙受的不利影响，而且能够保证市场竞争不会向恶化的方向发展。那么，这四个条件具体会有一些什么样的要求和内涵呢？

1. 有利于改善产品的生产和销售，或有利于促进技术与经济进步

从实践来看，该条件通常是最起码的条件。在适用该条件时，必须清楚

地确定其经济利益，以及该利益对限制竞争所产生的损害后果的抵消情况。在该条件中，"改善"或者"进步"既可以伴随行为人的生产而同步产生，又可以在其后产生。换言之，改善或者进步无需与协议当事人在同一层次发生。其内容几乎包括对工商业运营的所有有益的改变，包括消除进入障碍、在给定的投入中增加产出、提高产出质量、提高生产速度和质量控制以及在同一工厂或者同样的生产设备中生产种类更多的产品。

总之，该条件一般都被作广义的解释，扩及到非常广泛的情形，反映着许多不同类型的经济发展和技术进步。特别是，最近在诸如电信、计算机、多媒体等高新技术领域的大量的联营中，对该条件的解释极为宽松。

2. 消费者必须能公平分享由此产生的利益

这里的消费者应作广义的解释，不限于最终的消费者或者零售的购买者。"利益"（benefit）也被作广义的定义，不限于购买价格的高低，还包括消费者可以享受的任何其他经济利益，诸如增加销售商品的零售商的数量质量，得到更好的保障和服务设施，更快地送货，种类更多的商品，或者反应更灵敏的销售系统，该协议只需要能够在常规交易过程中提供这些优势中的一些或者全部，而并不要求提供已经做到这一点的证据，只要该协议与其随后对有关商品或者服务的使用者带来的"利益"存在某种联系就足够了。

3. 限制对上述目标的实现来说是必不可少的

限制性协议中，不得施加对于实现该协议的效率来说并非必不可少的限制。第一，限制性协议本身对于实现协议的效率来说，必须具有合理的必要性；第二，协议中所包含的各种竞争限制，对于获得这些效率来说，也必须具有合理的必要性。

要确定是不是具有合理的必要性，关键在于限制性协议的存在及其中的限制的存在，与不存在该协议或限制相比，是不是更有利于实现第一个条件所说的效率。此外，这种效率必须是该协议或该限制所特有的，而没有其他经济上可行、限制性更少的方法能获得这一效率。因此，必须考察当事人能不能采用另外一种限制性更少的方法来获得这一效率，如果能，什么时候才能获得这一效率。

在分析是否还存在限制性更少的方法时，必须以当事人所处的市场环境为根据，而无须考虑仅仅具有理论意义的或各种假想的方法，只有在明显存在现实可行的其他方法时，才会对其"必不可少性"构成妨碍，这时，当事人需要证明，这些方法虽然限制性更少，但效率却要低得多，因而不构成合理的替代性方法。

4. 不得使企业有能力消除竞争

考虑到限制竞争协议可能产生积极效果，因而第 81（3）确立了豁免制度，如果协议的积极效果能弥补其消极效果，则不予禁止。但无论如何，协议不得消除竞争，如果没有了竞争，则协议所能产生的任何效率都无法弥补。这表明，对竞争和竞争过程的保护是更重要的价值，第 81 条（3）的最终目标是要保护竞争过程，竞争的价值比效率更为重要。

要分析协议会不会消除竞争，须比较协议订立前竞争的强度，以及限制性协议在多大程度上减少了竞争。前者是指，如果该市场上的竞争本来就受到严重削弱，则进一步的削弱即使很轻微，也可以构成第四个条件意义上的削除；后者是指，协议使竞争受到的削弱越多，则越有可能削除竞争。企业间的竞争可以有多种表现形式，有些市场上，价格竞争更为重要，有的市场上，质量竞争更为重要，或创新开发、促销宣传、售前售后服务更为重要。如果协议消除了该市场上最重要的竞争形式，即违反了第四个豁免条件。

从上文对《欧共体条约》第 81 条（3）的分析，我们可以推知到一项具体的转售价格维持行为，如果已被认定为第 81 条（1）所禁止的行为，要想不被处罚，那么它必须同时满足第 81 条（3）所规定的四个条件，缺一不可，否则，将被认定为违法而受到处罚。

四、欧共体对商业代理协议的规定

欧共体委员会在 1962 年 12 月 24 日《关于独家代理销售协议的通知》中规定："代理协议是代理人和委托人订立的，在共同体范围内，由前者代表后者进行业务洽谈，以委托人的名义或以自己的名义进行交易的协议。"该通知还指出，如果商业代理协议规定了代理人的销售对象、销售价格以及销售地域，在这种情况下，代理人得按照委托人的意见行事，委托人承担代理人的经营风险，代理人在经济上不具有独立性，这种协议中的限制竞争不属于《欧共体条约》第81条的禁止内容。

由此可见，禁止维持转售价格的规定不适用于商业代理销售协议，主要理由在于，此种情况下，代理人和被代理人属于一个经济实体，因而不符合《欧共体条约》第81条规定的协议至少有两个当事人的相关规定。然而，如果一个协议不是真正的商业代理协议，这种对销售价格的限制就违反了《欧共体条约》第81条。根据《纵向协议集体豁免条例适用指南》第13条，评价一个商业代理协议是否是真正的代理协议，决定性的因素是代理人在其被委托从事的经济活动中，是否自己承担资金方面和商业方面的风险。

五、结语

由上文论述可知，欧共体在此问题上采用的是概括性禁止与广泛的豁免相结合的模式。先适用《欧共体条约》第81条（1）对转售价格维持行为进行一番识别，看它是否属于该条管辖的行为，若属于，接下来就用该条第（3）项规定的四个标准对该行为进行分析，看它是否符合豁免条件。若全部符合，则该行为不应被禁止；反之，则予以禁止。

该欧共体模式具有其他国家模式无法比拟的优越性，主要表现在以下几个方面：

1. 适用该模式分析转售价格维持行为，思路清晰。首先认定行为是否违反第81条（1），如果不违反，则不存在竞争法上的问题；如果违反，则根据第81条（3）规定的条件，判明能否对其授予豁免。符合条件的，尽管违反了第81条（1）的规定，仍认定为合法；不符合条件的，则予以禁止。整个过程分为两个步骤，使人一目了然。

2. 豁免标准明确。该模式下，四个豁免标准由法律明文规定，消除了模糊性，克服了法官自由裁量权过大的弊端。法官只需按立法的指引，审查所涉协议是否满足了这些条件，适用起来就简明得多，而且也能保证适用上的一致性。同时，四个条件本身也都有一定的抽象性，因而法官又不至于受到过分的束缚，从而也能保证其适用的灵活性。

附录2 图书公平交易规则

图书公平交易规则

中国出版工作者协会中国书刊发行业协会中国新华书店协会

第一章 总则

第一条 为规范图书交易行为，维护图书市场秩序，保障消费者和供货商、经销商的合法权益，根据《中华人民共和国民法通则》《中华人民共和国合同法》《中华人民共和国反不正当竞争法》《出版管理条例》《出版物市场管理规定》等有关法律法规，特制定本规则（以下简称"规则"）。

第二条 凡在中华人民共和国境内从事图书交易活动的供货商和经销商，应遵守本规则。

第三条 供货商和经销商在图书交易中，要严格执行《书刊征订发行委托书》制度，鼓励使用新闻出版行政部门推荐的《出版物供销合作协议文本》。

供销双方建立业务关系须签订具有法律效用的书面协议，对订货方式、发货折扣、发货方式、收货验货要求、购销形式、销售上架周期、退货比率、结算方式与时间，以及违约责任等事项有明确的约定，严格按协议进行公平、诚实、守信的图书交易活动，共同创造良好的市场环境。

第四条 本规则为行业自律行规，立足行业，面向社会，接受行业和社会监督，鼓励、支持、保护行业各界、媒体和个人，对违反本规则的行为进行监督、举报。

第五条 从事图书交易活动的供货商和经销商，必须守法经营，不得经营国家明令禁止进入市场的图书，不得参与盗版、盗印等违法、违规活动。

第六条　规范图书交易行为，是完善社会主义市场经济体制、规范图书市场经济秩序的需要。要大力遏制图书交易过程中的各种违法违纪行为，打击失信行为，保障交易各方权益，改善外部环境，促进竞争和创新，维护图书市场的正常秩序，促进图书市场的稳定和发展。

第二章　订货

第七条　各级经销商须从具有经营许可资质的供货商订货，不得向零售企业、个人以及无合法证照的企业和个人订货。

第八条　供货商可与独立经营的、具备图书经营资质的经销商直接建立订货业务关系，但应审核经销商的《出版物经营许可证》和工商营业执照，不接受无图书经营资质的经销商订货。

第九条　经销商以书面、电话、网络或其他形式向供货商订货，经供货商确认后签订协议。订货一经确认，未经供货商同意，不得无故取消订货。若因此给供货商造成经济损失，经销商应按合同约定给予供货商赔偿。

第三章　供货

第十条　经协议确认后的订货，供货商未征得经销商同意，不得无故不供、少供或推迟约定的时间供货。若由此给经销商造成经济损失，供货商应按合同约定给予赔偿。

第十一条　供货商应本着公平、合法、诚实信用的原则合理定价，并建立合理的供货折扣体系。不应以低于总发行企业、批发企业的供货折扣，向零售企业、网上书店、非经营性团体和个人批发图书。

第十二条　供货商向连锁经营的集团企业供货时，只与其总部采购机构发生业务关系；在连锁经营总部统一采购、结算的前提下，经双方协议约定，供货商可以按照连锁经营总部提供的发货单，向其所属连锁分销店直接供货；已经确立独家代理经销的区域，在确定的区域内，不得再向其他经销商供货。

第十三条　供货商向经销商发货须按照出厂包及行业标准包样式包装，注明收货企业、收货人、地址、邮政编码及联系电话等内容；发运清单中图书的品种、书名、数量、定价、折扣及实洋、码洋、供货商等相关内容必须齐全，单据清单须随包同行，并在附清单的包上注明"清单附内"。

第十四条　供货商须提前向经销商提供新书出版的信息和数据，新书的定价不应超过征订估价的 20％，出版时间不应超过预计出版时间六个月。

第四章　收、验货

第十五条　经销商不得无故拒绝供货商的正常发货。未经经销商确认的发货，未按出厂包及行业标准包包装致使无法点验的发货，以次充好、新老版本混杂、已在市场流通过的陈旧图书作为新书的发货，在发货运输过程中严重污损的图书除外。

第十六条　经销商收货后，须及时验货。如发现差错，应在收货一周内告知供货方，双方确认纠错；如发现图书印装质量问题，应及时与供货商联系，作相应处理。

第十七条　经销商验货时发现货物在发货运输中丢失，应由供货商负责查询；无法查明丢失原因的发货，其损失由供货商承担。

第五章　退货

第十八条　供货商应按双方的订货协议接受经销商的正常退货。因经销商自身原因造成污损的图书、非供货商供货的同版图书、同版同品种有添订的图书等退货除外。经销商退货时，应按发货包装的同一标准办理，退货丢失，由经销商负责查询，无法查明丢失原因的退货，其损失由经销商承担。

第十九条　包销的图书若无错发、脱期、图书质量等问题，原则上不退货，双方约定同意的除外。

第六章　促销

第二十条　开展促销活动，必须遵守国家法律法规，保留促销活动核定价格的有关资料，自觉接受监督检查。促销活动应如实宣传，遵循公开、公平、诚实、守信的原则，不炒作虚假信息。

第二十一条　提倡开展能够让消费者得到真正实惠的促销活动。鼓励供货商和经销商结合实际，积极探索互联网、读书俱乐部等新兴销售模式，但不得低价倾销新书，不得进行任何形式的低价（低于图书正常出版成本价）竞争和竞标。

第二十二条　新版图书出版一年（以版权页出版时间为准）内，进入零售市场时，须按图书标定的价格销售，不得打折销售。其中重印图书以首次出版日期为起算日期，再版图书以再版出版日期为起算日期。

第二十三条　在下列特殊情况下，经销商可进行优惠促销，但优惠价格不得低于版权页定价的85％：

（一）机关团体采用竞标方式采购时；

（二）网上书店或会员制销售时；

（三）经新闻出版总署批准举办的全国性图书交易博览、订货、展销活动和省、自治区、直辖市新闻出版局备案的地方性或专业性图书订货、展销活动；

（四）国家法定节假日及新闻出版行政部门组织的重大活动期间。

第七章　结算

第二十四条　供货商与经销商应遵守合同约定按期结算货款。结算周期一般不超过收货后180天、开具增值税发票后不超过90天。结算时，双方不得随意改变合同约定折扣。

第二十五条　结算时，供货商须提供合法发票和加盖公章的结算清单。否则经销商可以拒付货款。

第八章　监督

第二十六条　对于自觉严格遵守本规则的供货商和经销商，协会将在业内进行宣传，推荐其参加各项评优评奖活动，优先参与利用协会搭建的各种平台，突出的企业给予奖励。

对于违反本规则的供货商和经销商，视情节采取以下措施：

（一）责令停止违规行为，并消除影响；

（二）要求赔偿因其违规行为给相关企业和消费者造成的损失；

（三）在出版发行行业内通报批评；

（四）向社会媒体曝光，并记入诚信档案；

（五）对违规情节严重者，提交新闻出版行政部门取消其评优、评奖和享受优惠政策的资格，必要时建议供货商和经销商减少或中止与其业务往来。

（六）对屡教不改、情节严重的供货商和经销商，建议新闻出版行政部门依法给予暂缓通过年检或不予年检等处罚。

第二十七条　中国出版工作者协会、中国书刊发行业协会和中国新华书店协会联合成立《图书公平交易规则》咨询核查机构，其职责如下：

（一）接受新闻出版行政部门指导，监督规则的实施；

（二）建立图书供货商和经销商诚信档案，准确、及时、全面地记载和反映供货商、经销商的信用状况，引导供货商、经销商加强自律，合法经营；

（三）负责违规行为的投诉和举报受理，并对投诉和举报事项进行调查和调解；

（四）定期向社会公布违规企业名单及其不诚信行为；

（五）关注市场，不断研究新情况、新问题，探索新的自律机制，为政府行政部门提供决策依据。

第九章　附则

第二十八条　本规则所称供货商指经新闻出版行政部门批准设立的图书出版单位、图书总发行企业、图书批发企业；经销商指经新闻出版行政部门批准设立的图书总发行企业、图书批发企业、图书批零兼营企业、图书进出口企业、图书零售企业、读者俱乐部、网上书店等。

第二十九条　本规则由中国出版工作者协会、中国书刊发行业协会、中国新华书店协会解释。

第三十条　本规则对全国从事图书交易活动的供货商、经销商具有自律约束力，自发布之日起执行。

附录3　反不正当竞争法

中华人民共和国反不正当竞争法

（1993 年 9 月 2 日第八届全国人民代表大会常务委员会第三次会议通过　1993 年 9 月 2 日中华人民共和国主席令第十号公布　自 1993 年 12 月 1 日起施行）

第一章　总则

第一条　为保障社会主义市场经济健康发展，鼓励和保护公平竞争，制止不正当竞争行为，保护经营者和消费者的合法权益，制定本法。

第二条　经营者在市场交易中，应当遵循自愿、平等、公平、诚实信用的原则，遵守公认的商业道德。

本法所称的不正当竞争，是指经营者违反本法规定，损害其他经营者的合法权益，扰乱社会经济秩序的行为。

本法所称的经营者，是指从事商品经营或者营利性服务（以下所称商品包括服务）的法人、其他经济组织和个人。

第三条　各级人民政府应当采取措施，制止不正当竞争行为，为公平竞争创造良好的环境和条件。

县级以上人民政府工商行政管理部门对不正当竞争行为进行监督检查；法律、行政法规规定由其他部门监督检查的，依照其规定。

第四条　国家鼓励、支持和保护一切组织和个人对不正当竞争行为进行社会监督。

国家机关工作人员不得支持、包庇不正当竞争行为。

第二章　不正当竞争行为

第五条　经营者不得采用下列不正当手段从事市场交易，损害竞争对手：

（一）假冒他人的注册商标；

（二）擅自使用知名商品特有的名称、包装、装潢，或者使用与知名商品近似的名称、包装、装潢，造成和他人的知名商品相混淆，使购买者误认为是该知名商品；

（三）擅自使用他人的企业名称或者姓名，引人误认为是他人的商品；

（四）在商品上伪造或者冒用认证标志、名优标志等质量标志，伪造产地，对商品质量作引人误解的虚假表示。

第六条 公用企业或者其他依法具有独占地位的经营者，不得限定他人购买其指定的经营者的商品，以排挤其他经营者的公平竞争。

第七条 政府及其所属部门不得滥用行政权力，限定他人购买其指定的经营者的商品，限制其他经营者正当的经营活动。

政府及其所属部门不得滥用行政权力，限制外地商品进入本地市场，或者本地商品流向外地市场。

第八条 经营者不得采用财物或者其他手段进行贿赂以销售或者购买商品。在账外暗中给予对方单位或者个人回扣的，以行贿论处；对方单位或者个人在账外暗中收受回扣的，以受贿论处。

经营者销售或者购买商品，可以以明示方式给对方折扣，可以给中间人佣金。经营者给对方折扣、给中间人佣金的，必须如实入账。接受折扣、佣金的经营者必须如实入账。

第九条 经营者不得利用广告或者其他方法，对商品的质量、制作成分、性能、用途、生产者、有效期限、产地等作引人误解的虚假宣传。

广告的经营者不得在明知或者应知的情况下，代理、设计、制作、发布虚假广告。

第十条 经营者不得采用下列手段侵犯商业秘密：

（一）以盗窃、利诱、胁迫或者其他不正当手段获取权利人的商业秘密；

（二）披露、使用或者允许他人使用以前项手段获取的权利人的商业秘密；

（三）违反约定或者违反权利人有关保守商业秘密的要求，披露、使用或者允许他人使用其所掌握的商业秘密。

第三人明知或者应知前款所列违法行为，获取、使用或者披露他人的商业秘密，视为侵犯商业秘密。

本条所称的商业秘密，是指不为公众所知悉、能为权利人带来经济利益、具有实用性并经权利人采取保密措施的技术信息和经营信息。

第十一条　经营者不得以排挤竞争对手为目的，以低于成本的价格销售商品。

有下列情形之一的，不属于不正当竞争行为：

（一）销售鲜活商品；

（二）处理有效期限即将到期的商品或者其他积压的商品；

（三）季节性降价；

（四）因清偿债务、转产、歇业降价销售商品。

第十二条　经营者销售商品，不得违背购买者的意愿搭售商品或者附加其他不合理的条件。

第十三条　经营者不得从事下列有奖销售：

（一）采用谎称有奖或者故意让内定人员中奖的欺骗方式进行有奖销售；

（二）利用有奖销售的手段推销质次价高的商品；

（三）抽奖式的有奖销售，最高奖的金额超过五千元。

第十四条　经营者不得捏造、散布虚伪事实，损害竞争对手的商业信誉、商品声誉。

第十五条　投标者不得串通投标，抬高标价或者压低标价。

投标者和招标者不得相互勾结，以排挤竞争对手的公平竞争。

第三章　监督检查

第十六条　县级以上监督检查部门对不正当竞争行为，可以进行监督检查。

第十七条　监督检查部门在监督检查不正当竞争行为时，有权行使下列职权：

（一）按照规定程序询问被检查的经营者、利害关系人、证明人，并要求提供证明材料或者与不正当竞争行为有关的其他资料；

（二）查询、复制与不正当竞争行为有关的协议、账册、单据、文件、记录、业务函电和其他资料；

（三）检查与本法第五条规定的不正当竞争行为有关的财物，必要时可以责令被检查的经营者说明该商品的来源和数量，暂停销售，听候检查，不得转移、隐匿、销毁该财物。

第十八条　监督检查部门工作人员监督检查不正当竞争行为时，应当出示检查证件。

第十九条　监督检查部门在监督检查不正当竞争行为时，被检查的经营者、利害关系人和证明人应当如实提供有关资料或者情况。

第四章　法律责任

第二十条　经营者违反本法规定，给被侵害的经营者造成损害的，应当承担损害赔偿责任，被侵害的经营者的损失难以计算的，赔偿额为侵权人在侵权期间因侵权所获得的利润；并应当承担被侵害的经营者因调查该经营者侵害其合法权益的不正当竞争行为所支付的合理费用。

被侵害的经营者的合法权益受到不正当竞争行为损害的，可以向人民法院提起诉讼。

第二十一条　经营者假冒他人的注册商标，擅自使用他人的企业名称或者姓名，伪造或者冒用认证标志、名优标志等质量标志，伪造产地，对商品质量作引人误解的虚假表示的，依照《中华人民共和国商标法》《中华人民共和国产品质量法》的规定处罚。

经营者擅自使用知名商品特有的名称、包装、装潢，或者使用与知名商品近似的名称、包装、装潢，造成和他人的知名商品相混淆，使购买者误认为是该知名商品的，监督检查部门应当责令停止违法行为，没收违法所得，可以根据情节处以违法所得一倍以上三倍以下的罚款；情节严重的，可以吊销营业执照；销售伪劣商品，构成犯罪的，依法追究刑事责任。

第二十二条　经营者采用财物或者其他手段进行贿赂以销售或者购买商品，构成犯罪的，依法追究刑事责任；不构成犯罪的，监督检查部门可以根据情节处以一万元以上二十万元以下的罚款，有违法所得的，予以没收。

第二十三条　公用企业或者其他依法具有独占地位的经营者，限定他人购买其指定的经营者的商品，以排挤其他经营者的公平竞争的，省级或者设区的市的监督检查部门应当责令停止违法行为，可以根据情节处以五万元以上二十万元以下的罚款。被指定的经营者借此销售质次价高商品或者滥收费用的，监督检查部门应当没收违法所得，可以根据情节处以违法所得一倍以上三倍以下的罚款。

第二十四条　经营者利用广告或者其他方法，对商品作引人误解的虚假宣传的，监督检查部门应当责令停止违法行为，消除影响，可以根据情节处以一万元以上二十万元以下的罚款。

广告的经营者，在明知或者应知的情况下，代理、设计、制作、发布虚假广告的，监督检查部门应当责令停止违法行为，没收违法所得，并依法处以罚款。

第二十五条　违反本法第十条规定侵犯商业秘密的，监督检查部门应当责令停止违法行为，可以根据情节处以一万元以上二十万元以下的罚款。

第二十六条　经营者违反本法第十三条规定进行有奖销售的，监督检查部门应当责令停止违法行为，可以根据情节处以一万元以上十万元以下的罚款。

第二十七条　投标者串通投标，抬高标价或者压低标价；投标者和招标者相互勾结，以排挤竞争对手的公平竞争的，其中标无效。监督检查部门可以根据情节处以一万元以上二十万元以下的罚款。

第二十八条　经营者有违反被责令暂停销售，不得转移、隐匿、销毁与不正当竞争行为有关的财物的行为的，监督检查部门可以根据情节处以被销售、转移、隐匿、销毁财物的价款的一倍以上三倍以下的罚款。

第二十九条　当事人对监督检查部门作出的处罚决定不服的，可以自收到处罚决定之日起十五日内向上一级主管机关申请复议；对复议决定不服的，可以自收到复议决定书之日起十五日内向人民法院提起诉讼；也可以直接向人民法院提起诉讼。

第三十条　政府及其所属部门违反本法第七条规定，限定他人购买其指定的经营者的商品、限制其他经营者正当的经营活动，或者限制商品在地区之间正常流通的，由上级机关责令其改正；情节严重的，由同级或者上级机关对直接责任人员给予行政处分。被指定的经营者借此销售质次价高商品或者滥收费用的，监督检查部门应当没收违法所得，可以根据情节处以违法所得一倍以上三倍以下的罚款。

第三十一条　监督检查不正当竞争行为的国家机关工作人员滥用职权、玩忽职守，构成犯罪的，依法追究刑事责任；不构成犯罪的，给予行政处分。

第三十二条　监督检查不正当竞争行为的国家机关工作人员徇私舞弊，对明知有违反本法规定构成犯罪的经营者故意包庇不使他受追诉的，依法追究刑事责任。

第五章　附则

第三十三条　本法自 1993 年 12 月 1 日起施行。

附录 4 中华人民共和国反垄断法

(2007 年 8 月 30 日第十届全国人民代表大会常务委员会第二十九次会议通过 2007 年 8 月 30 日中华人民共和国主席令第 68 号 自 2008 年 8 月 1 日起施行)

第一章 总则

第一条 为了预防和制止垄断行为，保护市场公平竞争，提高经济运行效率，维护消费者利益和社会公共利益，促进社会主义市场经济健康发展，制定本法。

第二条 中华人民共和国境内经济活动中的垄断行为，适用本法；中华人民共和国境外的垄断行为，对境内市场竞争产生排除、限制影响的，适用本法。

第三条 本法规定的垄断行为包括：

（一）经营者达成垄断协议；

（二）经营者滥用市场支配地位；

（三）具有或者可能具有排除、限制竞争效果的经营者集中。

第四条 国家制定和实施与社会主义市场经济相适应的竞争规则，完善宏观调控，健全统一、开放、竞争、有序的市场体系。

第五条 经营者可以通过公平竞争、自愿联合，依法实施集中，扩大经营规模，提高市场竞争能力。

第六条 具有市场支配地位的经营者，不得滥用市场支配地位，排除、限制竞争。

第七条 国有经济占控制地位的关系国民经济命脉和国家安全的行业以及依法实行专营专卖的行业，国家对其经营者的合法经营活动予以保护，并对经营者的经营行为及其商品和服务的价格依法实施监管和调控，维护消费者利益，促进技术进步。

前款规定行业的经营者应当依法经营，诚实守信，严格自律，接受社会公众的监督，不得利用其控制地位或者专营专卖地位损害消费者利益。

第八条　行政机关和法律、法规授权的具有管理公共事务职能的组织不得滥用行政权力，排除、限制竞争。

第九条　国务院设立反垄断委员会，负责组织、协调、指导反垄断工作，履行下列职责：

（一）研究拟订有关竞争政策；

（二）组织调查、评估市场总体竞争状况，发布评估报告；

（三）制定、发布反垄断指南；

（四）协调反垄断行政执法工作；

（五）国务院规定的其他职责。

国务院反垄断委员会的组成和工作规则由国务院规定。

第十条　国务院规定的承担反垄断执法职责的机构（以下统称国务院反垄断执法机构）依照本法规定，负责反垄断执法工作。

国务院反垄断执法机构根据工作需要，可以授权省、自治区、直辖市人民政府相应的机构，依照本法规定负责有关反垄断执法工作。

第十一条　行业协会应当加强行业自律，引导本行业的经营者依法竞争，维护市场竞争秩序。

第十二条　本法所称经营者，是指从事商品生产、经营或者提供服务的自然人、法人和其他组织。

本法所称相关市场，是指经营者在一定时期内就特定商品或者服务（以下统称商品）进行竞争的商品范围和地域范围。

第二章　垄断协议

第十三条　禁止具有竞争关系的经营者达成下列垄断协议：

（一）固定或者变更商品价格；

（二）限制商品的生产数量或者销售数量；

（三）分割销售市场或者原材料采购市场；

（四）限制购买新技术、新设备或者限制开发新技术、新产品；

（五）联合抵制交易；

（六）国务院反垄断执法机构认定的其他垄断协议。

本法所称垄断协议，是指排除、限制竞争的协议、决定或者其他协同行为。

第十四条　禁止经营者与交易相对人达成下列垄断协议：

（一）固定向第三人转售商品的价格；

（二）限定向第三人转售商品的最低价格；

（三）国务院反垄断执法机构认定的其他垄断协议。

第十五条　经营者能够证明所达成的协议属于下列情形之一的，不适用本法第十三条、第十四条的规定：

（一）为改进技术、研究开发新产品的；

（二）为提高产品质量、降低成本、增进效率，统一产品规格、标准或者实行专业化分工的；

（三）为提高中小经营者经营效率，增强中小经营者竞争力的；

（四）为实现节约能源、保护环境、救灾救助等社会公共利益的；

（五）因经济不景气，为缓解销售量严重下降或者生产明显过剩的；

（六）为保障对外贸易和对外经济合作中的正当利益的；

（七）法律和国务院规定的其他情形。

属于前款第（一）项至第（五）项情形，不适用本法第十三条、第十四条规定的，经营者还应当证明所达成的协议不会严重限制相关市场的竞争，并且能够使消费者分享由此产生的利益。

第十六条　行业协会不得组织本行业的经营者从事本章禁止的垄断行为。

第三章　滥用市场支配地位

第十七条　禁止具有市场支配地位的经营者从事下列滥用市场支配地位的行为：

（一）以不公平的高价销售商品或者以不公平的低价购买商品；

（二）没有正当理由，以低于成本的价格销售商品；

（三）没有正当理由，拒绝与交易相对人进行交易；

（四）没有正当理由，限定交易相对人只能与其进行交易或者只能与其指定的经营者进行交易；

（五）没有正当理由搭售商品，或者在交易时附加其他不合理的交易条件；

（六）没有正当理由，对条件相同的交易相对人在交易价格等交易条件上实行差别待遇；

（七）国务院反垄断执法机构认定的其他滥用市场支配地位的行为。

本法所称市场支配地位，是指经营者在相关市场内具有能够控制商品价格、数量或者其他交易条件，或者能够阻碍、影响其他经营者进入相关市场能力的市场地位。

第十八条　认定经营者具有市场支配地位，应当依据下列因素：

（一）该经营者在相关市场的市场份额，以及相关市场的竞争状况；

（二）该经营者控制销售市场或者原材料采购市场的能力；

（三）该经营者的财力和技术条件；

（四）其他经营者对该经营者在交易上的依赖程度；

（五）其他经营者进入相关市场的难易程度；

（六）与认定该经营者市场支配地位有关的其他因素。

第十九条　有下列情形之一的，可以推定经营者具有市场支配地位：

（一）一个经营者在相关市场的市场份额达到二分之一的；

（二）两个经营者在相关市场的市场份额合计达到三分之二的；

（三）三个经营者在相关市场的市场份额合计达到四分之三的。

有前款第二项、第三项规定的情形，其中有的经营者市场份额不足十分之一的，不应当推定该经营者具有市场支配地位。

被推定具有市场支配地位的经营者，有证据证明不具有市场支配地位的，不应当认定其具有市场支配地位。

第四章　经营者集中

第二十条　经营者集中是指下列情形：

（一）经营者合并；

（二）经营者通过取得股权或者资产的方式取得对其他经营者的控制权；

（三）经营者通过合同等方式取得对其他经营者的控制权或者能够对其他经营者施加决定性影响。

第二十一条　经营者集中达到国务院规定的申报标准的，经营者应当事先向国务院反垄断执法机构申报，未申报的不得实施集中。

第二十二条　经营者集中有下列情形之一的，可以不向国务院反垄断执法机构申报：

（一）参与集中的一个经营者拥有其他每个经营者百分之五十以上有表决权的股份或者资产的；

（二）参与集中的每个经营者百分之五十以上有表决权的股份或者资产被同一个未参与集中的经营者拥有的。

第二十三条　经营者向国务院反垄断执法机构申报集中，应当提交下列文件、资料：

（一）申报书；

（二）集中对相关市场竞争状况影响的说明；

（三）集中协议；

（四）参与集中的经营者经会计师事务所审计的上一会计年度财务会计报告；

（五）国务院反垄断执法机构规定的其他文件、资料。

申报书应当载明参与集中的经营者的名称、住所、经营范围、预定实施集中的日期和国务院反垄断执法机构规定的其他事项。

第二十四条　经营者提交的文件、资料不完备的，应当在国务院反垄断执法机构规定的期限内补交文件、资料。经营者逾期未补交文件、资料的，视为未申报。

第二十五条　国务院反垄断执法机构应当自收到经营者提交的符合本法第二十三条规定的文件、资料之日起三十日内，对申报的经营者集中进行初步审查，作出是否实施进一步审查的决定，并书面通知经营者。国务院反垄断执法机构作出决定前，经营者不得实施集中。

国务院反垄断执法机构作出不实施进一步审查的决定或者逾期未作出决定的，经营者可以实施集中。

第二十六条　国务院反垄断执法机构决定实施进一步审查的，应当自决定之日起九十日内审查完毕，作出是否禁止经营者集中的决定，并书面通知经营者。作出禁止经营者集中的决定，应当说明理由。审查期间，经营者不得实施集中。

有下列情形之一的，国务院反垄断执法机构经书面通知经营者，可以延长前款规定的审查期限，但最长不得超过六十日：

（一）经营者同意延长审查期限的；

（二）经营者提交的文件、资料不准确，需要进一步核实的；

（三）经营者申报后有关情况发生重大变化的。

国务院反垄断执法机构逾期未作出决定的，经营者可以实施集中。

第二十七条　审查经营者集中，应当考虑下列因素：

（一）参与集中的经营者在相关市场的市场份额及其对市场的控制力；

（二）相关市场的市场集中度；

（三）经营者集中对市场进入、技术进步的影响；

（四）经营者集中对消费者和其他有关经营者的影响；

（五）经营者集中对国民经济发展的影响；

（六）国务院反垄断执法机构认为应当考虑的影响市场竞争的其他因素。

第二十八条　经营者集中具有或者可能具有排除、限制竞争效果的，国务院反垄断执法机构应当作出禁止经营者集中的决定。但是，经营者能够证明该集中对竞争产生的有利影响明显大于不利影响，或者符合社会公共利益的，国务院反垄断执法机构可以作出对经营者集中不予禁止的决定。

第二十九条　对不予禁止的经营者集中，国务院反垄断执法机构可以决定附加减少集中对竞争产生不利影响的限制性条件。

第三十条　国务院反垄断执法机构应当将禁止经营者集中的决定或者对经营者集中附加限制性条件的决定，及时向社会公布。

第三十一条　对外资并购境内企业或者以其他方式参与经营者集中，涉及国家安全的，除依照本法规定进行经营者集中审查外，还应当按照国家有关规定进行国家安全审查。

第五章　滥用行政权力排除、限制竞争

第三十二条　行政机关和法律、法规授权的具有管理公共事务职能的组织不得滥用行政权力，限定或者变相限定单位或者个人经营、购买、使用其指定的经营者提供的商品。

第三十三条　行政机关和法律、法规授权的具有管理公共事务职能的组织不得滥用行政权力，实施下列行为，妨碍商品在地区之间的自由流通：

（一）对外地商品设定歧视性收费项目、实行歧视性收费标准，或者规定歧视性价格；

（二）对外地商品规定与本地同类商品不同的技术要求、检验标准，或者对外地商品采取重复检验、重复认证等歧视性技术措施，限制外地商品进入本地市场；

（三）采取专门针对外地商品的行政许可，限制外地商品进入本地市场；

（四）设置关卡或者采取其他手段，阻碍外地商品进入或者本地商品运出；

（五）妨碍商品在地区之间自由流通的其他行为。

第三十四条　行政机关和法律、法规授权的具有管理公共事务职能的组织不得滥用行政权力，以设定歧视性资质要求、评审标准或者不依法发布信息等方式，排斥或者限制外地经营者参加本地的招标投标活动。

第三十五条　行政机关和法律、法规授权的具有管理公共事务职能的组织不得滥用行政权力，采取与本地经营者不平等待遇等方式，排斥或者限制

外地经营者在本地投资或者设立分支机构。

第三十六条　行政机关和法律、法规授权的具有管理公共事务职能的组织不得滥用行政权力，强制经营者从事本法规定的垄断行为。

第三十七条　行政机关不得滥用行政权力，制定含有排除、限制竞争内容的规定。

第六章　对涉嫌垄断行为的调查

第三十八条　反垄断执法机构依法对涉嫌垄断行为进行调查。

对涉嫌垄断行为，任何单位和个人有权向反垄断执法机构举报。反垄断执法机构应当为举报人保密。

举报采用书面形式并提供相关事实和证据的，反垄断执法机构应当进行必要的调查。

第三十九条　反垄断执法机构调查涉嫌垄断行为，可以采取下列措施：

（一）进入被调查的经营者的营业场所或者其他有关场所进行检查；

（二）询问被调查的经营者、利害关系人或者其他有关单位或者个人，要求其说明有关情况；

（三）查阅、复制被调查的经营者、利害关系人或者其他有关单位或者个人的有关单证、协议、会计账簿、业务函电、电子数据等文件、资料；

（四）查封、扣押相关证据；

（五）查询经营者的银行账户。

采取前款规定的措施，应当向反垄断执法机构主要负责人书面报告，并经批准。

第四十条　反垄断执法机构调查涉嫌垄断行为，执法人员不得少于两人，并应当出示执法证件。

执法人员进行询问和调查，应当制作笔录，并由被询问人或者被调查人签字。

第四十一条　反垄断执法机构及其工作人员对执法过程中知悉的商业秘密负有保密义务。

第四十二条　被调查的经营者、利害关系人或者其他有关单位或者个人应当配合反垄断执法机构依法履行职责，不得拒绝、阻碍反垄断执法机构的调查。

第四十三条　被调查的经营者、利害关系人有权陈述意见。反垄断执法机构应当对被调查的经营者、利害关系人提出的事实、理由和证据进行核实。

第四十四条　反垄断执法机构对涉嫌垄断行为调查核实后，认为构成垄断行为的，应当依法作出处理决定，并可以向社会公布。

第四十五条　对反垄断执法机构调查的涉嫌垄断行为，被调查的经营者承诺在反垄断执法机构认可的期限内采取具体措施消除该行为后果的，反垄断执法机构可以决定中止调查。中止调查的决定应当载明被调查的经营者承诺的具体内容。

反垄断执法机构决定中止调查的，应当对经营者履行承诺的情况进行监督。经营者履行承诺的，反垄断执法机构可以决定终止调查。

有下列情形之一的，反垄断执法机构应当恢复调查：

（一）经营者未履行承诺的；

（二）作出中止调查决定所依据的事实发生重大变化的；

（三）中止调查的决定是基于经营者提供的不完整或者不真实的信息作出的。

第七章　法律责任

第四十六条　经营者违反本法规定，达成并实施垄断协议的，由反垄断执法机构责令停止违法行为，没收违法所得，并处上一年度销售额百分之一以上百分之十以下的罚款；尚未实施所达成的垄断协议的，可以处五十万元以下的罚款。

经营者主动向反垄断执法机构报告达成垄断协议的有关情况并提供重要证据的，反垄断执法机构可以酌情减轻或者免除对该经营者的处罚。

行业协会违反本法规定，组织本行业的经营者达成垄断协议的，反垄断执法机构可以处五十万元以下的罚款；情节严重的，社会团体登记管理机关可以依法撤销登记。

第四十七条　经营者违反本法规定，滥用市场支配地位的，由反垄断执法机构责令停止违法行为，没收违法所得，并处上一年度销售额百分之一以上百分之十以下的罚款。

第四十八条　经营者违反本法规定实施集中的，由国务院反垄断执法机构责令停止实施集中、限期处分股份或者资产、限期转让营业以及采取其他必要措施恢复到集中前的状态，可以处五十万元以下的罚款。

第四十九条　对本法第四十六条、第四十七条、第四十八条规定的罚款，反垄断执法机构确定具体罚款数额时，应当考虑违法行为的性质、程度和持续的时间等因素。

第五十条　经营者实施垄断行为，给他人造成损失的，依法承担民事责任。

第五十一条　行政机关和法律、法规授权的具有管理公共事务职能的组织滥用行政权力，实施排除、限制竞争行为的，由上级机关责令改正；对直接负责的主管人员和其他直接责任人员依法给予处分。反垄断执法机构可以向有关上级机关提出依法处理的建议。

法律、行政法规对行政机关和法律、法规授权的具有管理公共事务职能的组织滥用行政权力实施排除、限制竞争行为的处理另有规定的，依照其规定。

第五十二条　对反垄断执法机构依法实施的审查和调查，拒绝提供有关材料、信息，或者提供虚假材料、信息，或者隐匿、销毁、转移证据，或者有其他拒绝、阻碍调查行为的，由反垄断执法机构责令改正，对个人可以处二万元以下的罚款，对单位可以处二十万元以下的罚款；情节严重的，对个人处二万元以上十万元以下的罚款，对单位处二十万元以上一百万元以下的罚款；构成犯罪的，依法追究刑事责任。

第五十三条　对反垄断执法机构依据本法第二十八条、第二十九条作出的决定不服的，可以先依法申请行政复议；对行政复议决定不服的，可以依法提起行政诉讼。

对反垄断执法机构作出的前款规定以外的决定不服的，可以依法申请行政复议或者提起行政诉讼。

第五十四条　反垄断执法机构工作人员滥用职权、玩忽职守、徇私舞弊或者泄露执法过程中知悉的商业秘密，构成犯罪的，依法追究刑事责任；尚不构成犯罪的，依法给予处分。

第八章　附则

第五十五条　经营者依照有关知识产权的法律、行政法规规定行使知识产权的行为，不适用本法；但是，经营者滥用知识产权，排除、限制竞争的行为，适用本法。

第五十六条　农业生产者及农村经济组织在农产品生产、加工、销售、运输、储存等经营活动中实施的联合或者协同行为，不适用本法。

第五十七条　本法自 2008 年 8 月 1 日起施行。

参考文献

［1］乔·维克特. 冷静看待电子书定价问题［N］. 丛挺, 编译. 新出版日报, 2012-3-28.

［2］白羽. 电子书定价机制期待规范［N］. 新出版日报, 2011-08-25.

［3］王雪野. 国际图书与版权贸易［M］. 北京：中国传媒大学出版社, 2009 年 1 月第 1 版.

［4］甄西. 首次欧盟 25 国图书出版调查分析［J］. 中国编辑, 2005（4）.

［5］杨贵山. 欧洲书商联合会发表定价销售声明.

［6］何小刚. 社会文化背景对近代外国出版业的影响［J］. 中国出版, 2010（9）.

［7］法国图书定价制度问题和解决策略. http：//www. bookdao. com/article/11159/, 2010-10-29.

［8］陈悟朝. 定位图书流通［M］. 北京：中国书籍出版社, 2005 年第 1 版.

［9］钟碧惠. 德、法出版企业考察［J］出版发行研究, 2000（11）.

［10］王续红. 法国出版业概况［J］对外大传播, 1997（Z1）.

［11］陈磊. 透视法国图书出版业［J］国外出版瞭望, 2001（14）.

［12］法国图书出版业. http：//www. docin. com/p-557806558. html.

［13］甄西, 编译. 面临金融风暴, 法国出版物销售逆市上扬［N］. 中国图书商报, 2008-10-24.

［14］调查显示大部分法国人依然钟爱纸质书. 新华网.

［15］王珺. 法国统一书价政策的利弊之争［J］, 出版参考, 2006（12）上旬刊.

［16］法国通过电子书定价法. 出版商务周报.

［17］http：//book. ifeng. com/gundong/detail_ 2010_ 11/08/3033264_ 0. shtml.

［18］徐向昱. 德国文化产业概观. 2006 年 9 月, 第 19 卷第 3 期.

［19］书价制度定价制 谁心痛？谁心动？［N］. 出版商务周报.

［20］http：//www. chinaxwcb. com/index/2008-11-26/content_ 162269. htm.

［21］定价制与新书不打折之世界观照［N］．中国图书商报．

［22］http：//www. yilin. com/bbs/showtopic–12213. aspx.

［23］孙亚锋．图书的自由定价与固定价格研究［J］．商业经济，2010（21）．

［24］李丕光．德国出版业的两大机制［J］．出版广角，2003（7）．

［25］吴凤萍．德国图书俱乐部［J］．出版广角，2000 年（7）．

［26］范德人．德国图书出版与阅读习惯赖雅静［N］，译．中华读书报．

［27］http：//www. gmw. cn/01ds/2000–09/27/GB/2000％5E319％5E0％5EDS1709. htm.